Entienda el desafío del -NO- en los niños con autismo

Mejore la comunicación
Aumente la positividad
Optimice las relaciones

Colette McNeil

Copyright © 2022

McNeil, Colette

Todos los derechos reservados.

Ninguna parte de este libro puede reproducirse de ninguna forma ni por medios electrónicos o mecánicos, incluidos los sistemas de almacenamiento y recuperación de información, sin autorización escrita de la autora, Colette McNeil.

Las solicitudes de permiso para hacer copias o reproducir cualquier parte deben enviarse en línea a colette@sharedperspectivessupport.com

o

mcneilcolette@aol.com

Traducción por Rodrigo Sáenz Félix.

Editado por Gabriela Chavez

ISBN 978-1-957354-20-0

Library of Congress Control Number: 2022920598

Contenidos

Agradecimientos 1

Prefacio 2

No 3

Pragmática 5

Introducción 7

No corran 13

Cuando no significa sí 23

No, gracias 33

No hay galletas 41

¿Esto es un perro? 49

¡NO! ¡Alto! ¡NO! 59

No, Talia 67

Conclusión 81

Referencias 85

Agradecimientos

Agradezco primero, y sobre todo, a los cientos de maravillosos niños que compartieron su ser conmigo con tanta autenticidad durante mis más de 20 años de enseñanza. Estos niños con autismo y otras discapacidades me enseñaron más de lo que yo hubiera podido enseñarles. Agradezco a las familias de los niños por compartir a sus queridos hijos y a ellos mismos con tanta valentía. Asimismo, agradezco a mis colaboradores, quienes compartieron mi jornada e influyeron en mi perspectiva a lo largo del camino.

Agradezco la continua enseñanza y amorosa experiencia que obtuve de mi cercana relación personal con mi sobrino autista y su familia, a quienes llevo en mi corazón.

Por su apoyo en la producción de este libro, agradezco a mi hermano, amigo y compañero de casa, por escuchar mis ideas, animarme en mis esfuerzos, leer tantos borradores y compartir sus sinceras impresiones para apoyar las versiones mejoradas de cada parte de la obra. Agradezco a mis padres por su apoyo incondicional, impulso y sugerencias a medida que avanzaba en la redacción. Y un "gracias" especial para mi amigo que de buena gana se ofreció a leer el manuscrito y aportó sugerencias editoriales.

Todos ustedes son tan amables y generosos. Me siento bendecida por tener a cada uno de ustedes en mi vida

Prefacio

Trastorno del Espectro Autista

El manual diagnóstico y estadístico de los trastornos mentales, (quinta edición) (2013) Asociación Estadounidense de Psiquiatría (p. 31-32).
(DSM-5)

El Trastorno del Espectro Autista se caracteriza por el persistente déficit en la comunicación social e interacción social en múltiples contextos, incluyendo déficits en reciprocidad social, comportamientos de comunicación no verbal usada para interacción social y habilidades para desarrollar, mantener y entender las relaciones.

No

Real Academia Española
rae.es

No

Del lat. *Non.*

1. adv. Expresa Negación. No vendrá. U. a menudo para responder a preguntas. —¿Quieres un poco más? —No, gracias.

2. adv. Introduce un contraste entre lo expresado por el elemento sobre el que incide y algún otro segmento presente o sobrentendido. No te pedí que lo enviaras el lunes, sino el martes. No fue Juan.

3. adv. Denota la inexistencia, o lo contrario, de lo designado por la voz a la que precede o la ausencia de lo expresado por ella. La no violencia. Obras de no ficción. Actitudes no beligerantes. No muy lejos de allí.

4. adv. Introduce interrogaciones que reclaman una contestación afirmativa, en ocasiones atenuando un mandato, una petición, una sugerencia o una recriminación. ¿No quiere café? ¿No callarás?

5. adv. Introduce interrogaciones con las que se desea confirmar una información que se tiene por cierta. ¿No vive allí tu hermana?

6. adv. Antecede al verbo al que siguen palabras negativas, como nadie, nada o ningún. Eso no vale nada. No hay ningún niño aquí.

7. adv. U. como expletivo tras la conjunción que, cuando esta introduce el segundo término de una comparación de desigualdad. Más vale ayunar que no enfermar. Es mejor que vengas que no que te quedes solo.

8. adv. U. como expletivo con valor enfático en oraciones exclamativas cuantitativas y cualitativas. ¡Cuánto no daría por volver a verlo! ¡Cómo de bien no lo haría que todos creyeron que era auténtico!

9. adv. U. como expletivo cuando aparece en subordinadas temporales introducidas por hasta que modifican a una oración principal negativa. Hasta que no vio a su hija no consintió en irse a dormir.

10. adv. coloq. Encabeza la intervención en un diálogo, manteniendo el canal de comunicación entre el oyente y el hablante o rebajando la relevancia discursiva de lo que se dice. No, que quería pedirte un favor. No, si ya te lo decía yo

11. m. Respuesta negativa. El no lo tenemos asegurado de antemano.

Pragmática

Real Academia Española
rae.es

Pragmático, ca

Del lat. pragmatĭcus, y este del gr. πραγματικός pragmatikós.

1. adj. Inclinado al pragmatismo. Apl. a pers., u. t. c. s.

2. adj. Perteneciente o relativo a la pragmática.

3. f. Ley emanada de competente autoridad, que se diferenciaba de los reales decretos y órdenes generales en las fórmulas de su publicación.

4. f. Ling. Disciplina que estudia el lenguaje en su relación con los hablantes, así como los enunciados que estos profieren y las diversas circunstancias que concurren en la comunicación.

CAPÍTULO 1

Introducción

No,
Una pequeña palabra
Escuchada tan seguido
Pero ¿Por qué?
¿Por qué te hace llorar?

Le invito a un viaje en el que se desplegarán capas de concientización, iluminando la manera de cómo un vocabulario cuidadosamente escogido puede mejorar de gran manera su relación con un niño autista. *Entienda el desafío del -NO- en los niños con autismo: mejore la comunicación, aumente la positividad, optimice las relaciones* se enfoca solamente en el uso de esta pequeña palabra. Sin embargo, ilustra las implicaciones de gran alcance que esa palabra puede tener al determinar la esencia de nuestras interacciones diarias con niños autistas.

Corey

Mientras ríe fuertemente casi pierde su equilibrio, de puntitas, saltando con un pie a la vez, agitando sus brazos en el viento, Corey de tres años celebra con alegría mientras mira a Alice acercarse.

¡Oh- oh! Corey cree que esto es un juego, probablemente no debí ser tan juguetona con él.

Alice alejó a Corey de la mesa tres veces en los últimos tres minutos. En cada ocasión manteniendo una ligera interacción, diciendo alegremente—. —Oh no, no, no, no jovencito. No debemos pararnos encima de la mesa. ¡Bájate!—. Corey es sostenido en un abrazo, mientras es alejado de la mesa y puesto gentilmente sobre sus pies en el piso.

Al lado de la mesa, Alice, le habla en un tono neutral — No, bájate—.

Corey alza sus brazos y se avienta hacia ella. Alice hace un esfuerzo para bajar a Corey al suelo de manera calmada para que no se exalte como en las veces anteriores. Pasados unos minutos, Corey y Alice repiten el mismo ciclo en repetidas ocasiones. Alice, espera que respondiendo de manera pasiva contrarreste la actitud anterior y disuada a Corey de continuar con su juego. Desafortunadamente, Corey persiste en esa actividad.

En un esfuerzo para apaciguar su deseo por escalar, Alice aleja a Corey de la mesa y lo sienta en un sillón puf para que observe su libro. Esperanzada a que él esté satisfecho, Alice deja a Corey para que juegue de manera independiente.

Dando algunos saltos, Corey corre a través de la habitación, se sube a una silla y se sitúa rápidamente en la mesa. Parado en la mesa y con la mano en la barbilla, Corey, mantiene una mirada intensa hacia Alice.

A través del cuarto, inclinándose hacia delante con las manos en su cintura; Alice usa un tono de reprimenda — ¡Corey, No!—.

Corey se queda de pie en silencio.

Alice, firmemente se dirige hacia él — ¡No, bájate!—.

Soltando un sonido muy agudo, Corey sobresalta en alegría y se sube a la mesa.

Con una risa sofocada, Alice mira fijamente a Corey, perpleja por la contradicción de su reprimenda y su exuberante descaro. Al darse cuenta que Corey ha malinterpretado sus palabras y se le ve inadvertido por su cambio de tono y lenguaje corporal Alice reflexiona la pregunta, *¿Ahora qué?* Haciendo un esfuerzo para proyectar un firme comportamiento, Alice se acerca repitiendo lentamente, — ¡No, bájate!—.

De inmediato, Corey suelta una mueca parecida a la del Gato Sonriente y pide ser levantado en brazos.

Consternada, Alice se percata, *Corey no comprende mi "No" y piensa que la frase, "Bájate" significa que lo voy a cargar en mis brazos.*

Reflexionando sobre su próximo movimiento, Alice le da a Corey un abrazo pero no lo mueve del suelo. Hurgando en sus pensamientos por una mejor manera de crear entendimiento, se pregunta, *¿Qué quiero que haga cuando digo "Bájate"? Lo ideal sería que descienda del mueble por su propia cuenta.* Apuntando hacia la silla, Alice, delicadamente jala la mano hacia abajo y le indica a Corey que se baje. Corey se estira hacia arriba y se prepara para ser levantado.

Bueno, eso no funcionó. Pensativamente, Alice mira a Corey mientras repite su rutina continuando con el problema. *No quiero cargarlo por haberse parado en la mesa. ¿Qué es específicamente lo que quiero que haga Corey? No quiero que salte de ahí al suelo o que camine hacia la silla de al lado como si estuviera a la misma altura. Quiero que se baje de la mesa de una manera cuidadosa y por su propia cuenta. Entonces, ¿cómo hago que baje? Él no entiende mis palabras, lenguaje o señas. Voy a tener que motivarle para que lo haga. Estará confundido y podría enfadarse, debo estar lista para evitar que se caiga si hace un berrinche.*

Con su plan ya establecido, Alice comienza —Corey, bájate—.

Corey, se estira pero es detenido en lugar de recibir un abrazo.

—No, bájate —repite Alice mientras le da vuelta a Corey y lo ayuda con sus brazos y rodillas. Poniendo sus piernas en la silla, Corey reposiciona sus manos y continúa hasta que está completamente estabilizado en el suelo.

De pie, Corey mira curiosamente a Alice e inmediatamente asciende a la mesa.

Reconociendo la necesidad de practicar esta nueva instrucción, Alice permite que Corey suba. Una vez que Corey está de pie sobre el mueble. Alice repite —Bájate—.

Corey eleva sus brazos y sonríe enormemente.

—No. —Alice nuevamente le da media vuelta a Corey y le ayuda a descender mientras repite— Bájate.

Tan pronto como sus pies se postran sobre el piso, Corey de manera determinada se desprende de Alice y rápidamente escala una vez más.

Alice espera a que Corey se posicione encima de la mesa antes de darle la instrucción —Bájate—.

Corey extiende sus brazos hacia Alice.

—No.

Cuando su abrazo es denegado, Corey llora desesperadamente. Mientras Alice indica a Corey que se dé la vuelta, él comienza a llorar y se aleja de ella. Corey por su propia cuenta se baja de la mesa por medio de la silla, corre al sillón puff y hace pucheros.

Comprendiendo su frustración, Alice se dirige hacia él de manera positiva, felicitándole por sentarse en el sillón puff y le muestra un libro. Corey mantiene su enojo hacia Alice y se voltea hacia otro lado. Mientras se sienta con Corey, Alice compasivamente determina, *Debo ser más cuidadosa en el futuro. Pensé que estaba siendo clara cuando lo hacía bajar con mi gentil "no, no, no", pero lo que realmente estaba haciendo era confundirle. Trabajoré en ser más clara en conectar mis palabras con mis acciones. No es justo confundir a Corey siendo carismática y juguetona y luego esperar obediencia en una instrucción que él no entiende.*

Desglose

Los desgloses en la comunicación regularmente se disuelven en expresar angustia emocional tanto en los niños con autismo y sus padres o tutores. Padres, familiares, maestros y cuidadores se esfuerzan para construir relaciones sociales con los niños en sus vidas. Alegría, palabras amables, interacciones delicadas, sonrisas y abrazos son influencias positivas en las relaciones con los niños.

Proveer instrucciones, protegerlos y enseñar competencias de comportamiento son características de una tutela amorosa genuina. El esfuerzo para mantener la positividad y armonía emocional mientras se está comprometido en salvaguardar e instruir a los jovencitos es un acto con un balance incesante.

Mientras existe un vínculo profundo y amoroso entre los adultos y el niño, también hay desafíos diarios para mantener interacciones sociales positivas como en la historia de Corey. La enseñanza tradicional puede apuntar a resultados negativos como problemas de entrenamiento, seguir instrucciones, disciplina y la reproducción del habla. Yo postulo que una comunicación común y habitual es el meollo del asunto.

En este libro me enfoco en el uso de la palabra "No" y su uso diario. Sin embargo, espero que los conceptos explorados en esta lectura, sean usados de la misma manera en otras prácticas de comunicación y compromiso cuando se trata de apoyar a niños con autismo.

Pero ¿Qué tiene que ver la palabra "No" con mejorar la relación con un niño autista? Bueno, esa respuesta es el balance de una investigación sobre los desafíos relacionados con los niños autistas, el uso diario del "No" y la convergencia de estos dos temas. En los siguientes capítulos ilustraré cómo la palabra "No" es usada no intencionalmente en maneras que estancan el entendimiento, regulación de las emociones, confianza social y la armonía en las relaciones. Hay una línea en la película *Experimenter* que es apropiada para mis intenciones, "La concientización es el primer paso para la liberación". Es mi esperanza que conforme se vayan eliminando la barreras de comunicación, los adultos puedan escoger detenidamente un vocabulario que realce la comunicación, incremente la positividad y mejore las relaciones.

CAPÍTULO 2

No corran

Levanta la mano si alguna vez has estado tratando de contestar un examen de opción múltiple y te detienes repentinamente o, al menos, bajas la velocidad y observas la pregunta más cuidadosamente si está escrita en negativo: "¿Cuál respuesta NO es la correcta?" o peor aún, una doble negación: "¿Qué respuesta no contradice la siguiente oración?" ¿Cómo? Espera, más lento, estoy tratando de encontrar la respuesta incorrecta y la respuesta que concuerda con la oración. ¿Por qué el maestro hizo esta pregunta tan complicada? Mi mano se levanta igual que la tuya y admito haber obtenido varias respuestas malas en mis exámenes a través de toda mi educación. Concentrada, contestando conforme avanzaba en el examen, buscaba las respuestas correctas, no las incorrectas y no leí la pregunta cuidadosamente. Como académicos es nuestra responsabilidad leer cuidadosamente y descifrar cuáles son los negativos para poder responder correctamente. El maestro podría ayudar a los estudiantes escribiendo las preguntas más claras pero no asume la responsabilidad para hacerlo. Los estudiantes deben emplear habilidades más complejas para responder correctamente si no quieren sufrir las consecuencias de una calificación menor.

"No corran"

Alineados en el pasillo en una escuela primaria, los niños con autismo de la clase de la maestra Leaky esperan el anuncio para el recreo. Agradeciendo su cooperación, el maestro Compos dice —Ok, salgamos a jugar—. Los estudiantes llenos de energía comienzan a trotar por el pasillo. El maestro Compos les comanda —No corran—. Con expresiones alegres, su impulso es expresado en pequeños saltos con zancadas. El maestro Compos repite —No corran— pero ellos estallan en una carrera hacia el asfalto.

En el área de juego, el maestro reúne a los estudiantes y les explica que hay una regla acerca de no correr en los pasillos y les impone una pausa de un minuto sin jugar como castigo por correr. Los estudiantes se quejan de la injusticia del señor Compos pero rápidamente son reincorporados para seguir jugando.

Más tarde, justo antes de que los alumnos vayan a educación física, la maestra Leaky les recuerda —En los pasillos se debe caminar—. Luego instruye al alumno que se encuentra al frente de la línea a que guíe el camino hacia la clase y le repite una vez más —caminando—. La línea comienza a caminar cuidadosamente y después apresura su paso. La maestra Leaky les recuerda —Caminando— y los niños reducen su paso al mismo tiempo dirigiéndose a su destino.

Regresando de afuera, los pupilos se encuentran hambrientos y ansiosos de ir por su desayuno. El maestro Compos reitera —No corran en el pasillo—. El grupo camina de manera emocionada y rápidamente se convierte en un trote. El docente anuncia —No corran—. El paso de los niños se acelera. El maestro exclama de nuevo de manera más firme —¡No corran!— pero aumentan su velocidad y la fila apenas libra una colisión con otro grupo. En el aula de clases, sintiéndose frustrado, el maestro les explica nuevamente las reglas y las consecuencias de correr en el pasillo. Ignorando las quejas de los alumnos, les castiga con 3 minutos de silencio antes de salir a desayunar.

Finalmente se reunieron para su viaje a la cafetería, la maestra Leaky parada de frente a la línea formada por los estudiantes les recuerda —En el pasillo se camina—. La maestra comienza a guiar al grupo pero los estudiantes ansiosos comienzan a acelerar el paso y rebasan a su maestra. El maestro Compos les advierte, —No Corran—, sin éxito en sus instrucciones.

La maestra Leaky les recalca —Caminando— y los estudiantes reducen la rapidez de su marcha hasta que calmadamente se dirigen a sus mesas.

Saliendo de la cafetería, los niños emprenden su camino por el pasillo hacia la cancha para su receso vespertino. Recordatorios de expectativas y consecuencias son dados a los niños. Los jóvenes parten de manera atenta. Mientras su emoción resurge, una vez más incrementan sus pasos. El maestro Compos advierte —No corran—, aun así el paso se mantiene a alta velocidad.

Cuando la maestra dice "Caminando" los niños aminoran su paso un tanto.

Como cumplido les dice "Qué bien caminan".

La emoción del grupo es apaciguada y se mantiene así hasta llegar al final del corredor. Tan pronto como sus pies tocan el césped, la maestra Leaky les anuncia —Ok, corran— y es respondida con un estallido salvaje de movimiento mientras los estudiantes despegan cruzando el campo verde.

Previamente a concluir el receso, el grupo se alinea de nuevo y la educadora Leaky vuelve a comunicarles —Caminando—. Los estudiantes comienzan su caminata moderadamente pero prontamente adquieren velocidad. La advertencia del maestro Compos "No corran" no es efectiva. Copiando a su compañera de trabajo, el docente Compos exclama —Caminando— y los estudiantes de inmediato reducen su marcha.

La maestra Leaky, elogia a los estudiantes —Qué bien caminan—, lo cual inspira a una caminata relajada hacia el salón de clases. Como muestra de agradecimiento, el maestro choca los cinco con todos los alumnos al entrar al aula.

Desglose

Comunicación

No corran. No salten. No hablen. Al hablar en este estilo de frases negativas es tan común y tan rutinario como contestar el teléfono con un "Bueno". Para la mayoría de la sociedad el mensaje es directo, conciso y típicamente entendible con facilidad. Desafortunadamente, los niños con autismo batallan en descifrar una oración que solicita la negación de una acción. Aunque no es imposible que estos niños comprendan algunas oraciones negativas usadas regularmente, les toma un mayor esfuerzo para que la oración exacta produzca un significado.

Si vemos cuidadosamente la información proporcionada por investigadores y practicantes actuales de autismo podemos localizar con precisión algunas de las dificultades en la comunicación receptiva. El autismo causa diferentes grados de déficits en la habilidad de entender sonidos verbales y su significado. Además si los niños entienden las palabras individualmente podrían no ser capaces de procesar cadenas de información auditiva o algunas palabras en ciertas oraciones. Muchos niños con autismo frecuentemente son capaces de comprender y responder a la primera palabra aunque más probablemente a la última de la oración. En mi experiencia, los niños con autismo responden más seguido a lo último que escuchan.

En la historia recién contada, el maestro Compos les pide a los estudiantes que "No corran" y los estudiantes sólo procesan "Corran". Por consecuencia, ellos lo hacen con alegría. Para los niños, esta situación es como los exámenes con preguntas hechas en doble negación. El maestro pide la negación de correr y espera que los estudiantes descifren dicha negación y la traduzcan a una respuesta correcta.

Cuando se habla en negación de una acción no sólo estamos pidiendo al receptor que procese el sonido y lo convierta a conceptos con un significado sino que además empleen habilidades de pensamiento crítico para descifrar un mensaje indirecto. Además, si los niños logran entender que el significado de la oración "No corran" sea que detengan esa actividad, no hay otra palabra en la oración que indique qué otra acción deberían ejecutar. ¿Qué pide la frase "No corran" que hagan los estudiantes? ¿Galopar? ¿Caminar? ¿Andar de puntitas? ¿Gatear? ¿Quedarse parados? Mientras el mensaje puede ser claro para el emisor, el niño con autismo siendo el receptor, se encuentra frecuentemente inadvertido a la petición completa de la oración. En este ejemplo, a los alumnos les es dada la responsabilidad de comprender ese mensaje complicado y les aplican una consecuencia por ejecutarla de manera errada. El maestro Compos repetidamente les da un castigo de unos minutos sin jugar por no hacer lo que se les pidió en la instrucción en los pasillos.

> *Diles a los estudiantes **qué hacer** en lugar de **qué no hacer***
> *Bárbara Bloomfield*

La interacción de la maestra Leaky provee a los estudiantes un mensaje claro de qué hacer en lugar de qué no hacer. La maestra acepta la responsabilidad de escoger su vocabulario cuidadosamente para comunicarse al nivel de comprensión de los estudiantes. Su oración "Caminando" le pide a la clase la acción exacta que se desea y es ejecutada usando sólo una palabra con claridad.

Influencias suplementarias

> *Resulta que nuestros cerebros están literalmente cableados para trabajar a su máxima capacidad no cuando se es negativo o neutral*
> *sino cuando se es positivo.*
> *Shawn Achor*

Sonreír cuando contestas el teléfono es un consejo encontrado comúnmente en entrenamientos de protocolo para recepcionistas. El principio de este consejo dice que sonreír cambia la posición de las estructuras en la boca de manera que eleva el tono de la voz a uno más agudo. Este tono agudo suena placentero y acogedor.

En el libro Presence, la autora Amy Cuddy, explica los resultados de su búsqueda acerca de cómo la postura corporal puede tener efectos positivos o negativos en el estado de ánimo. Ella comparte que las posturas cerradas como los brazos cruzados y la cabeza baja resultan en un estado de ánimo negativo mientras que las posturas abiertas tales como los brazos en los costados y la cabeza inclinada hacia arriba resultan en un ánimo positivo.

En la historia, No Corran, la maestra Leaky se comunica con los niños de una manera más positiva al pedirles que caminen. En lugar de usar una orden con un sonido severo, "No Corran", ella simplemente pide amablemente "Caminando". Considerando la información previa, si la maestra Leaky elige mantener una posición erguida y sonreír mientras emite su petición, "Caminando" no sólo da información específica de *qué hacer* sino que además es percibida más amable y menos demandante. Este tono positivo es bien recibido por los estudiantes y por observadores de este ambiente.

Tomando este concepto se propone que el uso de la palabra "No", usada como una orden, puede tener un impacto negativo no sólo en el estudiante sino en el docente. La palabra "No" tiende a provocar una postura facial cerrada. Los labios están puestos en una posición redondeada y cerrada, las mejillas se contraen y se posicionan hacia delante y frecuentemente las cejas se juntan y apuntan hacia la nariz. He notado que mi equipo y yo mientras más decimos "No" más frustrados nos ponemos y nuestro tono de voz suena más duro. Cuando comenzamos a hablar de manera positiva diciendo *qué hacer* nuestros estados de ánimo fueron más positivos. Esto puede ser debido a una mejor respuesta por parte de los estudiantes, pero parece que levantar el tono de voz mientras sonreímos no sólo nos hace sonar más amigables sino que, siguiendo los ejemplos de Amy Cuddy, nos hace ver como alguien con quién estar de acuerdo. Estos sentimientos positivos resultan en el fomento de interacciones pacientes y amistosas con los niños.

Dinámicas de la relación:

Cuando el señor Compos estaba comunicándose con la expresión "No corran" se hizo un efecto dominó de insatisfacción y desconexión de parte de los dos lados. Después de la falta de respuesta a su primera petición acerca de no correr, el señor Compos podría creer que no está siendo escuchado y manteniendo un estado emocional neutral, repite su petición. Cuando en la segunda petición los estudiantes responden con lo opuesto a las expectativas, hay una frustración de su parte hacia lo que él percibe como una desobediencia intencionada de su instrucción. Esto inclina de manera negativa su estado emocional. Posteriormente les aplica la consecuencia a los estudiantes por desobedecer las reglas y sus órdenes.

En respuesta a los castigos del maestro Compos, los estudiantes se encuentran molestos por lo que ellos perciben como una sanción injusta. En la percepción de los niños, no sólo siguieron sus instrucciones como ellos lo escucharon, "Corran" sino que incrementaron la velocidad con cada vez que el maestro repetía la orden. Los estudiantes encuentran el comportamiento del maestro Compos inconsistente por decirles que corran y después dándoles un castigo por hacerlo. Esta percepción crea confusión, sentimientos negativos y desconfianza hacia el maestro. La desconfianza debilita la seguridad de los niños y ellos comienzan a sentirse inseguros y con ansiedad cuando están cerca del profesor. La relación carece de armonía y ambas partes sufren de emociones negativas.

El estilo de comunicación de la maestra Leaky tiene significado e inspira mejoras en el comportamiento de los niños. Su única palabra "Caminando" le dice a los estudiantes qué acción se espera y requiere el procesamiento de una sola palabra que se usa regularmente. Los estudiantes y la maestra se sienten seguros en sus interacciones debido a que la comunicación entre ellos ha tenido una perfecta sincronía. Se obtiene armonía y una positiva reciprocidad emocional las cuales refuerzan la relación.

Cuando el maestro Compos se da cuenta que la maestra Leaky tuvo más éxito sobre las acciones de los estudiantes usando la palabra "caminando" como una frase positiva el maestro modifica su vocabulario y es felizmente recompensado con obediencia por parte de los estudiantes. Cuando el maestro Compos elige palabras que apoyan las necesidades de los niños, ellos se convierten obedientes a sus peticiones. Se mantienen en un estado emocional positivo, se sienten seguros en la respuesta hacia su petición y se encuentran en armonía con las expectativas del maestro Campos. Consecuentemente, el docente es agradecido con una respuesta emocional positiva por comunicar de manera efectiva, lo cual genera un sentimiento de competencia acerca de sus habilidades para supervisar a los estudiantes. El maestro Compos de la misma manera redirecciona dicho sentimiento hacia los alumnos a través de chocar los cinco. El docente y los estudiantes viven un momento de reciprocidad que ha sido reforzada. Si el maestro Compos continúa modificando su vocabulario, su relación con los alumnos mejorará inconmensurablemente.

No conozco ningún hecho más alentador que la incuestionable capacidad del hombre para elevar su vida mediante un esfuerzo consciente.
Henry David Thoreau

CAPÍTULO 3

Cuando no significa sí

Augustus

Un Día de Verano en Clase para Alumnos de Primaria con Autismo
Historia publicada por Autism Parenting Magazine. Junio, 2017

— ¡Buen trabajo Josiah, ya terminaste! Vamos a verificar tu horario de actividades— Josiah sonríe y se apresura hacia su horario sabiendo que la siguiente clase es natación. Mientras él y la maestra Leaky caminan por el salón de clase donde los alumnos trabajon tranquilamente, una ligera voz se escucha decir:

—Maestra Leaky, ¿Natación?

—Sí, Augustus, primero trabajo y después natación, apresúrate.

Augustus sonríe y continúa trabajondo. La maestra Leaky y Josiah salen del aula y caminan a través del patio directo hacia el baño.

A su regreso, se encontraron con una conmoción de un llanto ruidoso, narices húmedas y a Augustus acostado en el suelo boca arriba mientras pataleaba.

— ¿Qué pasó? —pregunta la maestra Leaky.

La maestra Ellie responde —Augustus está molesto porque no le permití ir con la maestra Alan a alistarse para la clase de natación—.

Ansioso, Augustus entre llanto pregunta —Maestra Leaky, ¿Natación?—.

—Sí, Augustus, primero trabajo y después natación.

Augustus se pone de pie y regresa a hacer su trabajo. Sólo faltan dos sencillas hojas más.

—Maestra Ellie, ¿Natación? —Augustus pregunta.

—"Termina tu trabajo y después nadas" —contesta la docente.

Augustus sonríe e incrementa su velocidad para finalizar. Al ver a su compañera Jean y a la maestra Alan atravesar la puerta camino al vestidor Augustus le solicita —Maestra Alan, ¿Natación?—.

¡No Augustus, no vas a nadar hasta que termines tu trabajo!

De inmediato, el cuarto es aturdido con un chillido agudo, una explosión de materiales de trabajo en el aire y Augustus se avienta al suelo lamentándose. La maestra Leaky, se acerca y Augustus hace una pausa de su sollozo y le pregunta —Maestra Leaky ¿Natación?—.

—Sí, Augustus, primero trabajo y después natación —responde.

Augustus, con lágrimas en sus ojos, junta sus materiales y se dispone a trabajor.

Poco después pregunta —Maestra Leaky, ¿Natación?—.

La maestra reafirma —Sí Augustus, buen trabajo, primero trabajo y después natación —.

Complacido, Augustus comienza a completar los últimos retoques en su tarea cuando la señorita Alan regresa del vestidor con algunos estudiantes listos para ir a la piscina.

Augustus de manera aprehensiva lanza de nuevo la pregunta —Maestra Alan, ¿Natación?—.

— ¡No Augustus, no irás a nadar, no puedes nadar hasta terminar tu trabajo!

Una ráfaga de emociones y hojas de papel es despedida, el escritorio golpea el suelo y Augustus se encuentra de nuevo acostado boca arriba pataleando y gritando.

La maestra Leaky se para cerca de él y Augustus grita —¡NATACIÓN, MAESTRA LEAKY, NATACIÓN!—.

La maestra espera para un momento de silencio cuando Augustus tome un respiro y le dice de manera clara y sencilla — ¡Sí!—.

Augustus detiene su llanto y respirando profundamente mira de manera insegura a la maestra Leaky y le pregunta temeroso — ¿Natación?—.

La respuesta de la maestra es lenta y calmada —Sí Augustus, primero trabajo y después natación —.

La maestra ayuda a Augustus a reorganizar sus materiales y permaneciendo cerca de él lo alienta a terminar su última hoja.

Una vez más, Augustus pregunta ansioso —Maestra Alan, ¿Natación?—.

—No.

Augustus se estremece.

La maestra Leaky interviene — ¡SÍ, NATACIÓN!—.

Confundido con emociones opuestas dentro de sí. Augustus se queda parado con los ojos abiertos y sus pupilas apuntando hacia una maestra y después a otra.

Conectando la mirada del niño con la suya, la maestra Leaky cuidadosamente enuncia su consistente oración — ¡SÍ, NATACIÓN, primero trabajo y después natación!—.

La maestra Leaky le ayuda a Augustus a terminar el último trabajo y declara de manera entusiasta — ¡Terminaste! ¡Hora de Natación!—.

Augustus se apresura a unirse a sus compañeros que van caminando hacia la piscina, sonríe abiertamente y exclama — ¡NATACIÓN!—.

Desglose

Comunicación

En incontables conversaciones sociales cuando se responden preguntas y peticiones por parte de niños como las de Augustus, "¿Puedo ir a natación?" Muchos adultos empezarían sus respuestas con un gentil "No" seguido de un "No por ahora, lo harás después de que termines tu trabajo". Para un niño con un desarrollo tradicional con habilidades sociales y habilidades de comunicación tradicionales, esta es una respuesta perfectamente comprensible. El niño comprende el mensaje *Puedo ir a nadar después de que termine mi tarea.*

Este entendimiento inspirará al niño a enfocarse rápidamente a completar sus deberes.

Para muchos niños, las dificultades en la comunicación debidas al autismo bloquean su habilidad de entender el contenido del mensaje en su totalidad por ser un mensaje tan largo y complejo.

Los niños autistas comúnmente son capaces de procesar las primeras y/o las últimas palabras en oraciones largas. Además, interpretando la información para identificar qué *no* va a pasar requiere una interpretación de qué *sí* va a pasar. La falta de información adicional deja al niño a su suerte para adivinar el significado correcto y la expectativa que el maestro requiere. Este proceso de traducción recibe considerables resultados incorrectos.

En la historia de Augustus, nuestro protagonista batalla para procesar completamente el mensaje indirecto estructurado de manera negativa, "No, Augustus. No irás a nadar, no puedes nadar hasta que termines tu trabajo". Muchos educadores y practicantes en el área del autismo enseñan que el entrenamiento del uso de frases cortas o repetitivas oraciones establecidas pueden crear significado a niños con autismo.

Las oraciones cortas enseñadas son aprendidas como pedazos de lenguaje que el niño puede procesar como si fueran palabras multisilábicas individuales. "Yo quiero" "Siéntate" y "chequear el horario" son ejemplos de frases cortas que los niños en aulas de clases para estudiantes con autismo suelen entender de manera fluida. Frases como "Primero… y después…" y "Haz esto", se convierten en señales que los niños pueden utilizar para identificar qué se espera que atiendan a la información que le sigue.

Augustus estaba trabajondo bien mientras la maestra Leaky usaba lenguaje ya practicado y pocas palabras cuando decía "Sí, primero trabajo y después natación". También asimiló bien la respuesta de la maestra Ellie que fue un poco menos practicada con anterioridad pero aun así era una frase positiva y seguía la misma dinámica "Termina tu trabajo y después nadas" Cuando la maestra Alan contestó la pregunta con un "No Augustus, no irás a natación hasta que termines tu trabajo" ocurrió una brecha de comunicación. En esta dicción Augustus probablemente sólo escuchó "No" y "Trabajo". Augustus se sintió molesto y lo expresó en comportamientos negativos debido a que entendió que el mensaje decía "No, no irás a la piscina, te quedarás en clase a hacer trabajos". La intención del mensaje en realidad es un "Sí, después de trabajor". Respondiendo en el formato *Sí, Primero/Después* que usa la maestra Leaky provee a Augustus el apoyo que necesita. Esta oración es una respuesta directa que usa una frase practicada con anterioridad, anterioridad pocas palabras y no necesita ser traducida a un mensaje positivo de uno negativo.

Numerosos investigadores y practicantes del área del autismo recalcan la importancia de usar apoyo visual con estos estudiantes, tales como horarios de clase, listas de deberes, tarjetas de Primero/Después, dibujos acerca de expresar comunicación, entre otros. La maestra Leaky pudo haber apuntado a los materiales de trabajo de Augustus y después al traje de baño mientras enunciaba "Primero el trabajo y después nadas". Otros apoyos visuales que ayudan a la comunicación son más concretos como objetos que representan acciones, dibujos o palabras escritas. El beneficio de usar dichos apoyos es que son de un uso constante. Las palabras habladas son efímeras y se van tan pronto como son emitidas. En la historia, la maestra Leaky pudo utilizar estos recursos para asegurarse de que él comprendía la respuesta a su petición. También, podría analizar de manera independiente estas imágenes para recordarse a sí mismo que iría a nadar una vez concluido su trabajo.

Influencias suplementarias

Todo hábito es el resultado de condiciones previas —— cosas que aprendimos a hacer
y después las practicamos hasta que un día se convirtieron en una forma natural de comportamiento.
Dr. Shad Helmstetter

A lo largo de los años, Augustus, ha generado comportamientos para transmitir su estado emocional negativo. Ha desarrollado el hábito de expresar una reacción que instantáneamente lo llena de una ansiedad de lucha-o-huida en respuesta a la palabra "No". Los resultados del investigador de relaciones, John Gottman, explican que cuando la gente siente fuertes emociones negativas, las respuestas de lucha-o-huida sabotean la psicología de la persona, la llena de reacciones, emociones viscerales y hormonales que abruman su habilidad para recibir, procesar e interpretar información de manera certera. Por consiguiente, al oír el "No" de la maestra Alan, Augustus tiene una respuesta emocional que automáticamente lo coloca en un estado de desregulación psicológica y neutraliza su habilidad para asimilar el mensaje verbal en su totalidad. Augustus expresa su angustia con un berrinche.

"...Cuando la gente está abrumada no puede escuchar, aunque quieran hacerlo.
No es culpa de nadie que no puedan escuchar cuando están

abrumados.
Es una respuesta natural de lucha-o-huida, aunque esté un poco fuera de contexto".
John Gottman

En la historia, Augustus comienza tirándose al suelo, pateando y gritando para demostrar su molestia. Cuando es puesto en una situación confusa con dos respuestas diferentes su temperamento aumenta al punto en el que comienza a lanzar materiales y después arremete contra su mesa de trabajo.

Estos comportamientos pudieron haber funcionado en el pasado para cambiar la respuesta del adulto y que haya resultado en la respuesta que Augustus buscaba. "Sí, vamos a nadar ahora, no quiero que estés enojado". Por otro lado, los berrinches pudieron haber resultado en reprimendas por parte de los adultos y castigos por su peligroso comportamiento. Un regaño que incluye un castigo; "Berrinches no te garantizan ir a nadar, los niños que se portan mal se quedan en el salón de clase" podría reforzar la asociación negativa entre ansiedad y la palabra "No" por consiguiente aumentando la respuesta explosiva por parte de Augustus.

Cambiaremos nuestros comportamientos que no funcionan si somos capaces de tener otros mejores.
William Glasser

Afortunadamente, en el caso de Augustus, la maestra Leaky identificó el problema y se puso a cargo de la comunicación al modificar el mensaje, "¡SÍ, NATACIÓN, primero trabajo y después natación!". En lugar de castigar el comportamiento o siquiera reaccionar ante el berrinche, la maestra Leaky se mantuvo firme en emitir su mensaje. Añadido a eso, la maestra no permitió que el episodio de comportamiento de Augustus lo llevara a la piscina sin haber concluido su actividad. Aunque al final le ayudó a terminar su trabajo, se mantuvo firme en su decisión de terminar una actividad antes de ganarse la otra. Persistir con su pregunta creará un hábito en Augustus y se dé cuenta que las expectativas de la maestra Leaky serán constantes y que un berrinche no funcionará para que sus demandas sean cumplidas. Como consecuencia, este hábito de comportamiento se minorará con el tiempo debido a que no satisface los deseos de Augustus.

Dinámicas de la relación

El grado de cohesión social que sientes con otras personas es el más grande vaticinador de éxito durante tiempos de retos y estrés.
One Day University.

Las acciones de la maestra Leaky sirvieron para satisfacer las necesidades comunicativas y psicológicas de Augustus. La maestra utilizó un estilo de comunicación con el que Augustus estaba acostumbrado. Ella habló con una frase corta utilizada con anterioridad que el estudiante podría procesar. Después concentró la interacción con él respecto al trabajo y nadar. Al hacer eso, no permitió que el berrinche cambiara el rumbo de la conversación hacia uno en el que hablen de su mal comportamiento o de por qué es importante hacer el trabajo. La maestra Leaky ayudó también al estado emocional de Augustus al animarlo a trabajor, respondiendo a su pregunta e interviniendo cuando se dio cuenta que el mensaje de la maestra Alan causaba molestia en el niño. Estos detalles ayudan a asistir en el desarrollo de la armonía y confianza entre Augustus y su maestra. Al no ser esta la primera vez ambos han mejorado la interacción en el desarrollo de la armonía, Augustus percibe un sentido de cohesión social que le permite aproximarse a ella para asegurarse acerca de ir a nadar. Debido a que Augustus confía en la maestra Leaky y es capaz de recuperarse de sus berrinches rápidamente y estar dispuesto a cumplir la petición de la maestra acerca de terminar su actividad.

CAPÍTULO 4

No, gracias

No. Nah. Para nada. Ni en tus sueños. ¡Guácala, a mí no! Aunque hay muchas maneras de rechazar, existe una frase común que es inculcada y es considerada como cortés. "No, gracias" es la respuesta universal para rechazar cordialmente algo que fue ofrecido. Mientras la jerga es aceptable en interacciones informales, la expresión cortés es recomendable en lugares y compañía formales. Para niños con autismo la variabilidad de la jerga hace que su experiencia en el mundo sea mucho más confusa. Enseñar una expresión consistentemente que será correcta y apropiada sin importar el contexto social ayuda de mejor manera a niños autistas.

Haru

Una mañana en una clase de preescolar para niños con autismo.

—Haru está repartiendo un bocadillo especial opcional. Cuando llegue a ustedes, por favor, practiquen sus frases de educación diciendo "Sí, por favor" o "No, gracias"—. La maestra Leaky le entrega a Haru la caja que su mamá envió a la escuela.

Al acercarse a la maestra Leila y Jeffry, Haru estira sus brazos para ofrecer a Jeffry el bocadillo.

Tan pronto como Jeffry toma su comida, la maestra Leila le indica, —Sí, por favor—.

Imitando —Sí, por favor— Jeffry toma el bocadillo.

La maestra también acepta —Sí, por favor—.

Haru se dirige a una mesa en la que se encuentran Nikki, Keith y Travis. Haru levanta la caja y Nikki grita — ¡NO!—.

Haru se queda estático sintiéndose culpable. Inseguro, levanta el bocadillo otra vez para ofrecerlo y Nikki exclama — ¡No, no lo quiero! ¡NO!—.

El firme "No" llena a Haru de ansiedad. Se deja caer hacia el suelo y comienza a llorar.

La maestra Leaky le recuerda a Nikki —Tu lenguaje debe ser: No gracias— pronunciando la frase suavemente para darle una enunciación diferente al irritante "No". La maestra Leaky instruye a practicar la frase. Después, la maestra anima a Haru a continuar con su tarea persuadiéndole al decirle que todo está bien, que no está en problemas y que no necesita estar triste por eso.

Keith, felizmente acepta el ofrecimiento y es consciente de utilizar la frase "Sí, por favor".

Travis no quiere bocadillo y tan pronto como pone las manos en señal de no recibir nada la maestra Leaky dice —No, gracias—.

—No, gracias— repite Travis.

Dirigiéndose amablemente al grupo del Maestro Randy, Haru ofrece el bocadillo a Eduardo. — ¡Sí, por favor!— Eduardo responde emocionado.

El maestro Randy está ayudando a Eva a tomar su asiento y de manera distraída le dice a Haru --No--.

Haru estira sus manos con el bocadillo hacia el señor Randy otra vez y el maestro le responde un poco más fuerte —No—.

Sintiéndose regañado, Haru se arroja al suelo y llora.

—Oh, el maestro Randy olvidó su frase de educación —comenta la maestra Leaky mientras asiste a Haru a levantarse—. Está bien, está bien. No, gracias —repite con tono de canto.

El maestro responde —Oh lo siento. No, gracias, Haru—.

Haru le entrega un bocadillo a Otis, quien imitando al maestro rechaza el objeto, diciendo —No—.

Haru se sienta en el suelo una vez más, esta vez gritando y pataleando.

—El lenguaje adecuado es "No, gracias" —corrige la maestra mientras ayuda a Haru a repetir el ofrecimiento a Otis.

Imitando la frase correcta, el maestro Randy le indica al estudiante —No, gracias—.

—No, gracias —dice finalmente Otis.

Haru le ofrece a Eva, quien rechaza el almuerzo repitiendo al igual que el maestro Randy —No, gracias—.

Agradablemente, Haru se dirige a la última mesa con la maestra Zelda, Jacob y Larry.

La maestra enuncia la frase de educación para que la escuchen Jacob y Larry, —Sí, por favor—.

Jacob acepta —Sí, por favor—.

— ¡No, guácala, no! —Larry empuja el bocadillo.

—¡Aaaaaah! —Haru se derrumba una vez más.

La maestra Leaky le da la instrucción a Larry a usar un mejor lenguaje e incita a Haru a intentarlo una vez más. Sosteniendo el almuerzo frente a Larry, Haru lo ofrece de nuevo.

Larry cumple con la instrucción de la maestra Leaky —No, gracias—.

Satisfecho, Haru se da media vuelta y camina hacia la maestra Leaky sosteniendo un bocadillo para ella.

Sonriendo, la maestra Leaky responde gentilmente —No gracias—.

Devolviendo la sonrisa, Haru mira alrededor para asegurarse si no falta nadie. La maestra Leaky elogia a Haru por su esfuerzo y le indica que puede tomar su bocadillo. Colocando la caja contenedora en un estante, Haru toma su bocadillo y toma asiento en la mesa. Abriendo el empaque, Haru inhala profundamente disfrutando la dulce fragancia. Comiendo lenta y deliberadamente se sacia con la oportunidad de comer su golosina favorita.

Desglose

Comunicación

Tal como se ha discutido en los capítulos anteriores, "No", tiende a ser una palabra emocionalmente cargada que puede provocar una reacción no deseada en niños autistas. En la historia de Haru, la maestra Leaky les enseña a los estudiantes a usar el "No, gracias" como una respuesta común para rechazar algo que se les ha ofrecido. Intencionadamente, ella usa la frase con un ligero tono y enunciando las palabras suavemente seguida una de otra sin que haya pausa entre *no* y *gracias*. Enseñando cuidadosamente esta frase corta de esa manera, asegura que la expresión es escuchada y procesada como fragmento de lenguaje auditivo que mantiene un significado diferente al de la palabra "No". Conforme Haru continúa avanzando entre los grupos ofreciendo sus bocadillos, su estado emocional permanece calmado y alegre con las respuestas "Sí, por favor" y "No, gracias". Cuando escucha el duro "No" por parte de uno de sus compañeros y del maestro Randy, Haru, inmediatamente interpreta esta palabra no como un rechazo hacia el bocadillo, sino como un reproche por haberlo ofrecido. Haru se siente confundido y expresa su respuesta habitual hacia la ansiedad arrojándose al suelo y llorando.

Influencias suplementarias

Las palabras tienen un poder enorme.
El uso de la palabra equivocada ha provocado guerras…
Susan David.

Cuando la maestra Leaky y los demás docentes enseñan el uso diario del lenguaje verbal que apoya las necesidades de Haru, sus momentos de ansiedad son sofocados. Haru puede comprender sus expectativas y producir una respuesta apropiada dentro de un contexto predecible. Cuando Nikki, el maestro Randy, Otis y Larry se desvían de las respuestas establecidas, Haru se confunde fácilmente, cree que está siendo regañado, y rápidamente comienza a agitarse y responde con un estrés emocional. Mientras la maestra Leaky le da apoyo a Haru e insiste a los alumnos que usen las respuestas apropiadas, Haru es puesto de pie y se recupera rápidamente de su ansiedad. En *SCERTS Model a Comprehensive Educational approach for Children with Autism Spectrum Disorders (Volume II, Program Planning and Intervention),* los "Apoyos de transacción" son identificados como componentes clave para un compromiso con niños con autismo. Los apoyos de transacción son esos esfuerzos realizados por los padres del niño para promover el aprendizaje y el desarrollo. Proveer rutinas predecibles, usar oraciones cortas como lenguaje ensayado específico y establecer actividades con un contenido y contexto consistente son algunas maneras de facilitar la mejoría de la comprensión en niños con autismo. "El apoyo transaccional e interpersonal" es puesto en discusión al igual que la necesidad por parte del padre de ser específico acerca de cuáles son sus responsabilidades dentro del intercambio social. Cuando los adultos nos hacemos más alertas de las necesidades de los niños, podemos identificar mejor cuales palabras y acciones logran un compromiso positivo.

Dinámicas de la relación

Incluso las dosis más pequeñas de positividad pueden proporcionar una significativa ventaja competitiva.
Shawn Anchor.

Las limitadas habilidades expresivas y receptivas en el lenguaje verbal de niños autistas con frecuencia motivan a los adultos a usar y enseñar la palabra "No" como una estrategia de rechazo.

Los adultos bienintencionados quieren enseñar lo que parece ser la respuesta más sencilla para los niños. Desafortunadamente, la palabra "No" por sí sola también es usada en el lenguaje del día a día para regañar, pedir que detengan una acción, responder a una pregunta de sí o no, identificar que algo no es correcto e indicar la ausencia de un objeto. Estos múltiples significados de "No" son confusos para el niño con autismo. Por consiguiente, al esforzarse usando diferentes composiciones de las palabras para cada definición de "No", dará al niño distintos significados para cada circunstancia. Usando el fragmento de lenguaje ya establecido "No, gracias" enseña una estrategia clara de negación de un ofrecimiento y además beneficia al niño al usar una respuesta que es considerada educada. Al expresarse de esta manera, el niño podrá ser capaz de usar esta frase en todos los contextos y será admirado afectivamente por familiares, educadores y miembros de la comunidad por tan cordial manera de responder cuando se le es ofrecido algo. Esta admiración generará un gran impacto al mantener el afecto alrededor del niño. El incremento de la positividad es un catalizador para una participación social más abierta y placentera.

CAPÍTULO 5

No hay galletas

Dennis

Parados en la cocina, con la alacena abierta, Dennis y su papá buscan un bocadillo.

—Bueno Dennis, tal parece que necesitaremos emprender un viaje hacia la tienda, y pronto. Ya se nos acabaron tus golosinas favoritas—.

Sosteniendo su dispositivo de apoyo comunicacional con imágenes Dennis pide galletas con chispas de chocolate.

El padre le enseña a Dennis una bolsa de papas y una barra de granola —No hay galletas, ¿Qué te parece una de éstas?—. Dennis pide galletas una vez más y su papá responde —NO, No galletas—.

Un descanso para una merienda es muy normal en la casa de Dennis. Él recibiría un empaque con cualquier bocadillo que él quisiera mientras usara su aparato comunicacional para hacer su petición. Siguiendo su entrenamiento y rutina, Dennis persiste con su petición creando una imagen representando la oración —Quiero galletas, por favor—.

El padre, contesta más firme —No, No galletas—.

Sintiéndose confundido y regañado, Dennis se siente un tanto agitado y comienza a gritar y a dar pisotones en el suelo.

Abriendo la alacena, el padre le pide a su hijo que mire —Mira Dennis ya no hay galletas—.

Una vez que Dennis observa el interior de la alacena y no encuentra galletas vuelve su mirada hacia su dispositivo y pide palomitas.

—No palomitas —replica el papá sosteniendo una bolsa de pasas y otra de nueces— ¿Qué te parece una de estas?

Dennis comienza a quejarse y a retorcerse como si fuera a hacer un berrinche. El padre abre una vez más la alacena y levanta a Dennis para que vea los estantes —Mira, no palomitas—.

Viendo cuidadosamente por toda la alacena, Dennis asimila que no hay palomitas. Utilizando su dispositivo ahora pide gomitas de fruta.

El papá contento de ver una caja de gomitas la saca del estante. Al meter la mano en la caja siente una inquietud y desilusión. Desesperadamente echa un vistazo con la esperanza de encontrar lo que su mano no pudo. En su propia decepción, la voz del padre pronuncia —Oh no, amigo, está vacía. No gomitas—.

Al escuchar, "No" mientras ve la caja en la mano de su papá se detona un disturbio emocional. Deja caer su dispositivo de comunicación, grita con ira y arremete contra su padre para tomar la caja.

Permitiendo a Dennis arrebatar la caja vacía, el padre muestra empatía —Lo sé, lo sé. Yo también estoy frustrado. La caja está vacía. ¡*NO* gomitas de fruta!—.

Sin poder encontrar una sola bolsa de gomitas en la caja Dennis tira la caja al suelo y llora.

Después de darle a Dennis un par de minutos para llorar, el padre compone a Dennis una última vez. Deseando calmar a su hijo y darle una golosina que le guste sin un arranque emocional, el padre le quita el dispositivo de comunicación a Dennis y levantándole incita a Dennis a que tome una decisión — ¿Qué es lo que quieres?—.

Dennis observa en la alacena, considera sus opciones y después toma un paquete de queso y galletas. El padre también toma un paquete para él y dos cajas de jugo. Padre e hijo disfrutan su bocadillo juntos.

Desglose

Comunicación

PRAGMÁTICA.
Es la rama de la lingüística que se encarga del significado en contexto o los significados de oraciones respecto a las intenciones del hablante al usarlos.
Webster's New World College Dictionary

En la saga de Dennis, hay muchos factores alentadores en cuestión que apoyan la comunicación entre Dennis y su padre. Los dos se encuentran en una actividad rutinaria predecible. Dennis tiene la alternativa de comunicarse mediante un dispositivo para hacer peticiones. Dándose cuenta de la escasez de golosinas disponibles, el padre se muestra empático con Dennis y le ofrece otras alternativas. Finalmente, el papá cambia de solicitarle a su hijo que haga peticiones con su dispositivo de comunicación a que elija uno de los objetos reales disponibles.

La dificultad en el ejemplo anterior yace en la estrategia de comunicación común que el padre usa para informar a Dennis que las golosinas que él pide se acabaron. "No galletas, no palomitas, no gomitas de fruta", son comentarios comunes para muchas personas. La dificultad para Dennis es que su falta de la concepción pragmática del lenguaje debido a su autismo lo limita a determinar si el "No" significa una negación a darle algo, un regaño por pedirlo o una indicación de que lo que él pidió no está disponible. Debido a que es la percepción de Dennis que la palabra "No" sea más usado como regaño o para pedirle que deje de hacer algo, él interpreta la información de su papá como una reprimenda. Esta actitud percibida por parte de su padre molesta a Dennis porque las rutinas diarias de la hora de comer una golosina en la casa le da a Dennis la expectativa de que él puede recibir el bocadillo que él desee mientras use su dispositivo para comunicarse. Por lo tanto, Dennis interpreta el "No" de su padre no sólo como una reprimenda, sino también como un cambio de las reglas ya establecidas para comer golosinas.

En el futuro, la familia de Dennis podría decidir cambiar la interacción en su totalidad, permitiendo a Dennis hacer su petición a partir de una elección de pequeñas muestras frente a él. Esta estrategia evitaría la molestia de comunicar la ausencia de algo. Si este es el escenario de comprensión que funciona mejor para Dennis, es una buena elección.

Pero, si Dennis tiene una muy buena habilidad de comprensión y el problema es más una cuestión de vocabulario que de concepto, entonces aconsejo a la familia de Dennis a considerar modificar la estructuración verbal. Habrá ocasiones en la vida de Dennis en las que él va a desear objetos que no van a estar disponibles y la habilidad para comprender esa respuesta beneficiará a Dennis a largo plazo.

He escuchado familias y educadores reemplazar el "No galletas" con "Se acabaron", "está vacía," "Ya no quedan", "Terminadas" y "Cero galletas". La frase específica que el padre elija para comenzar a usar con Dennis dependerá de distintos factores. Al elegir el mejor conjunto de palabras para la familia, el papá podría considerar la extensión de la frase que Dennis es capaz de comprender y qué expresión tiene más sentido en las dinámicas de la familia. El padre obtendría un mayor beneficio al colaborar con la escuela de Dennis para que el lenguaje utilizado sea consistente en ambos ambientes. Además, el equipo de Dennis también beneficiaría al considerar que algunas palabras y frases ya son usadas para comunicar otros conceptos para él. Por ejemplo, "Terminado o terminadas" es usado comúnmente para hacerle saber a los niños que alguna actividad ha acabado y harán otra cosa; y "Cero", es un término de matemáticas que será usado cuando aprendan números y conceptos matemáticos. Personalmente me inclino más hacia la frase "Se acabaron", y aconsejo a las familias y educadores a considerar esta situación cuidadosamente.

Influencias suplementarias

Nota sobre comportamientos

Los comportamientos explosivos que se manifiestan físicamente son situaciones de preocupación. Es importante enseñar a los niños a no lanzar objetos o agredir a otros cuando se sienten molestos. En muchas circunstancias, un enfoque directo en estrategias para manejar los comportamientos inapropiados y corregirlos sería lo más indicado. Es comendable un entendimiento compasivo del estrés emocional del niño, pero no disminuye la responsabilidad del adulto de comunicar constantemente las expectativas de interacciones de comportamiento apropiadas. Un entrenamiento de comportamiento apropiado es extremadamente importante para niños con autismo. Comportamientos negativos e inapropiados se convierten con facilidad en hábitos que no son superados al crecer por el niño autista. Un adolescente o adulto con autismo que reacciona con comportamientos violentos no sólo es peligroso para él mismo y para otros sino que es severamente limitado en oportunidades educacionales, sociales y vocacionales independientemente de sus habilidades intelectuales.

Cuando usted resuelve un conflicto con éxito, usted es confiable. Si usted es suave con la gente y duro con los problemas, no herirá egos o hará enemigos.
Eso inspira a otros a negociar justamente.
Mel Silberman

En esta anécdota tan particular, el padre eligió abstenerse de reaccionar equivocadamente al arranque de Dennis. Parte de un buen plan de manejo de comportamiento es saber cuándo las interacciones del tutor están contribuyendo a una disrupción de comportamiento. Si los adultos pueden identificar el problema en el desglose del lenguaje y mantenerse enfocados en el realce de la comunicación, en lugar de desviarse en reaccionar a un arranque de comportamiento, la comunicación mejorará, la ansiedad del niño se disminuirá y el comportamiento se corregirá por sí mismo.

Al involucrar a niños con autismo es fundamental permanecer enfocados en una expectativa a la vez. En la anécdota, el padre no regañó a Dennis por tirar su aparato para comunicarse o por haber golpeado. Le dio algo de tiempo a su hijo para recuperarse de su molestia y se mantuvo enfocado en la falla de la comunicación. Dicho eso, sí el estallido de rabia se vuelve peligroso, la respuesta apropiada sería detener toda instrucción educativa y protegerse de cualquier amenaza hasta que el niño se haya recuperado. Después de calmarse, regresar a interactuar con un plan de comunicación mejorada reforzará el concepto de que las peticiones pueden ser satisfechas cuando se coopera con un comportamiento adecuado. El padre logró esto al permitirle a Dennis escoger de alguno de los bocadillos disponibles en la alacena. Además, el papá evitó el error común de tratar de calmar a Dennis al darle una golosina mientras hacía una rabieta. Si este error hubiera ocurrido, Dennis pudo haber aprendido a desempeñar comportamientos erróneos para que se cumplan sus peticiones. La acción del papá de darle a Dennis unos minutos para componerse, permanecer calmado, compasivo y enfocado en mejorar la comunicación era exactamente la intervención necesaria.

Dinámicas de la relación

La proporción de afecto positivo al negativo durante el conflicto en relaciones estables es de 5 a 1.
John Gottman.

El papá de Dennis se relaciona con él de manera compasiva, pero está batallando al ayudar a su hijo a entender que el "No" que está usando, está describiendo la ausencia de las golosinas y no es un regaño. Dennis se está molestando, así que el padre piensa en una estrategia para ayudar al niño a comprender. Debido a que la interacción verbal no funcionó, el esfuerzo del padre de apoyar a Dennis se manifiesta en finalmente remover el aparato que muestra imágenes para comunicarse y permitir a Dennis simplemente elegir una golosina de los empaques disponibles. Esto ayuda a superar un momento de dificultad para ambos. El investigador de relaciones John Gottman describe en su libro *The Science of Trust: Emotional Attunement for Couples* un concepto de "anulación de sentimientos positivos". La teoría explica que, cuando dos individuos conviven de manera positiva en un factor de al menos cinco interacciones positivas a una negativa, "los sentimientos positivos que tenemos acerca de la relación y de nuestra pareja anulan las cosas negativas que nuestra pareja podría hacer." Gottman además describe que "aquí es donde la confianza obtiene su recompensa. En una relación con base en la confianza, incluso una acción tan simple como que nuestra pareja nos sostenga la mano pueda bajar nuestros niveles de estado de lucha-o-huida."

En nuestra historia, las emociones de Dennis se salen de control debido a que no comprende el "No" de su padre y se siente incómodo con el cambio en las reglas diarias de un bocadillo en casa. Sin embargo, es calmado cuando su papá intenta ayudarlo a entender al cambiar la interacción comunicativa. Después de que el padre levanta a Dennis para que vea por él mismo qué hay en la alacena, Dennis es capaz de asegurarse de que las golosinas que él quería no estaban disponibles. El cambio de estrategia del padre apoya a Dennis a bajar los niveles de su angustia y continuar con la interacción. El padre y Dennis claramente tienen una relación sólida. Mejorando el concepto de *Ya no quedan/Se acabaron* podría mejorar esta relación sólida y evitar futuras fallas en la comunicación.

CAPÍTULO 6

¿Esto es un perro?

Hacer preguntas que sean respondidas con un sí o un no es sencillo, ¿Verdad?, ¿Cuál podría ser el problema de la pregunta "Esto es un perro"?

El entendimiento conceptual de *lo es o no lo es, igual o diferente, pertenece o no pertenece, es igual o no lo es* son lecciones rutinarias en la escuela. Comenzando en preescolar encontrando los pares de los objetos y desarrollándose en un posgrado identificando las complejidades de expresiones matemáticas y las categorías científicas intrincadas, el concepto es una parte integral de un amplio espectro de conocimientos.

La lección de identificar que está *dentro o fuera* de una categoría es pertinente. Sin embargo, muchas veces el enfoque instruccional y la explicación verbal puede, no intencionalmente, hacer que la experiencia de aprendizaje sea más complicada que lo que un niño con autismo necesita.

Jacob

—Mira aquí, Jacob. ¿Qué ves?

—Perro.

—Bien. Ahora encontremos uno igual en esta fila –La maestra Edna apunta hacia las imágenes en la primera fila de la hoja de ejercicios y guía la lección.

— ¿Este es un perro? No. Es un gato –La maestra descarta al gato.

— ¿Este es un perro? No. Es un pollo –La maestra pone una equis al pollo.

— ¿Este es un perro? No. Es un conejo –La maestra le dibuja una equis.

— ¿Este es un perro? Sí. Es un perro. Mira, es el mismo que la primera imagen.

Dibuja un círculo alrededor —La maestra Edna ayuda a Jacob a dibujar un círculo alrededor del perro.

—Ahora haz la siguiente fila.

—Mira aquí. ¿Qué ves? —pregunta la maestra.

—Conejo —responde Jacob.

—Sí, es un conejo. Ahora encontremos otra imagen igual. Mira las imágenes. ¿Este es un conejo?—

Jacob dibuja un círculo alrededor de la imagen de una vaca.

—No. Esa es una vaca. Sólo queremos una imagen igual a la primera. Las vacas no son iguales a los conejos. Dibújale una equis —La maestra Edna ayuda a Jacob a tachar la imagen de la vaca. —Ok, estamos buscando un conejo como este —La maestra Edna apunta a la primera imagen en la fila y después apunta a la imagen de un ratón que se encuentra en el tercer lugar de la fila — ¿Este es un conejo?

—Conejo —repite Jacob y comienza a dibujar un círculo.

—No, es un ratón. Táchalo.

Señalando la cuarta imagen, la maestra Edna pregunta —¿Este es un conejo?

—Conejo —contesta Jacob.

—Sí, conejo. Dibuja un círculo.

La maestra apunta a la última imagen — ¿Este es un conejo?

—Conejo —dice Jacob y comienza a hacer un círculo.

—No. Es un cerdo, táchalo. No son lo mismo.

La hoja de ejercicios para hacer pares y diferenciar animales estresa a Jacob y comienza a sollozar. La maestra Edna, al reconocer las frustraciones de Jacob le alienta.

—Todo está bien, te voy a ayudar. Vamos, Jacob. Conoces los animales. Intentemos con la siguiente fila. ¿Qué animal es este?

—Cerdo —responde Jacob.

—Sí. Bien. Ahora mira la imagen ¿Es un cerdo?

—Cerdo.

—No.

Quejándose, Jacob comienza a retorcerse en su silla.

—Jacob, ¿Qué animal es este?

—Perro.

—Sí, muy bien. Es un perro. Un perro no es un cerdo, no son iguales. Marca una equis.

Jacob tacha la imagen del perro como se le indicó.

La maestra Edna señala la siguiente imagen. — ¿Este es un cerdo?—

Jacob se mantiene sentado en silencio esperando más instrucciones por parte de la maestra Edna.

—Jacob ¿Qué animal es este?

—Cerdo.

— ¡Sí, muy bien! —Señalando una y otra vez cada imagen de los cerdos— Mira, son un cerdo y otro cerdo, son el mismo. Marca al cerdo.

Jacob dibuja un círculo alrededor del cerdo y repite — Cerdo—.

—Ok, último dibujo. ¿Este es un cerdo?

Jacob de nuevo se queda sentado en silencio manteniendo la vista en la maestra Edna esperando a que le dé la respuesta.

—Jacob ¿Qué animal es este?

—Pollo.

—Sí, muy bien. Es un pollo. ¿Es un cerdo?

—Pollo —contesta Jacob.

—No. No es un cerdo. Hazle una equis.

Al momento en que la maestra Edna dice "No", Jacob una vez más comienza a llorar. Agitado, Jacob hace marca en la imagen del pollo como fue indicado y después tira su lápiz, recarga su cabeza en sus brazos y los pone en la mesa.

—Está bien. Sé que eso fue difícil. Qué buen intento Jacob. Tomemos un descanso, es hora del recreo.

Desglose

Comunicación

> *Busca primero entender, luego ser entendido.*
> Steven R. Covey.

Jacob conoce los animales y la maestra Edna acompaña a Jacob en cada paso de la hoja de ejercicios, aun así, esta lección es confusa y estresante para Jacob. Uno podría irse a los extremos y decir que Jacob no entiende el concepto de *igual/diferente* y *es/no es*. Pero, ¿el problema es el concepto o la interacción verbal?

La mala experiencia educativa recién mencionada es común en muchos educadores y estudiantes con autismo. La hoja de ejercicios es relativamente simple y si es explicada desde otro punto Jacob podría mostrar de mejor manera su entendimiento y competencia.

La lección pide al estudiante identificar la misma figura que la del principio de la línea. Esta es una lección de similitud. Cuando la maestra Edna dedica tiempo y oraciones verbales largas instruyendo a Jacob *qué no es lo mismo* lo está sumergiendo en una espiral emocional. La principal preocupación es la extensión de su verbalización y el razonamiento abstracto necesario para identificar qué *no* es correcto. Además, los comentarios repetitivos usando "No" antes de identificar las figuras incorrectas pueden ser interpretados por Jacob como un regaño por no comprender una comunicación simple de la falta de similitud con la primera imagen.

Esta hoja de ejercicios podría ser enseñada con mucho menos verbosidad y resultaría en un éxito mucho mayor si la maestra Edna se enfocara solamente en el concepto positivo específico de la similitud. En lugar de preguntar "¿Este es un perro?" la maestra Edna podría pedirle que identificara al primer animal en la fila preguntando "¿Qué es esto?".

Jacob, al saber los nombres de los animales contestaría "Perro".

La maestra Edna podría simplemente decir "encuentra uno igual" hablando únicamente con el vocabulario determinado de la lección. Ella podría señalar la primera línea apuntando a la primera imagen y decir "Perro. Encuentra uno igual", después apuntar al otro perro y decir "Perro". Posteriormente, la maestra podría apuntar una y otra vez las figuras y decir "Perro y perro. Iguales". Después de darle la instrucción a Jacob de encerrar en un círculo la figura correspondiente, la maestra Edna debería alentar a Jacob a completar el resto de los ejercicios. La maestra podría apoyar a Jacob usando únicamente el vocabulario objetivo de la lección, "¿Qué es esto?" y, "Encuentra uno igual". Cuando Jacob se dé cuenta que solamente necesita usar su esfuerzo visual para analizar la fila para encontrar una figura similar, podrá terminar la hoja de ejercicios por sí mismo. Enseñar el vocabulario objetivo repetitivo "Igual" ayudará a Jacob a comprender qué se espera que haga en futuras lecciones cuando se le pida encontrar un objeto similar, clasificarlos por la misma característica, identificar objetos que pertenezcan a las mismas categorías, etc. Además evitar el uso de la palabra "No" al identificar cada uno de los objetos que *no sean iguales,* evitará a su vez cualquier oportunidad para que Jacob malinterprete las intenciones de la maestra Edna.

Influencias suplementarias

El programa de entrenamiento TEACCH (**T**eaching **E**ducation of **A**utistic and related **C**ommunication Handicapped **Ch**ildren o como sus siglas lo dicen, Enseñanza de Educación de Autistas y Niños con Discapacidad de Comunicación) discute la importancia de entender las peculiares características de los niños con autismo. Los entrenadores de TEACCH discuten una idea de "Cultura de autismo", siendo una de las características en común de los niños con autismo la necesidad de requerir diferentes maneras de instrucción con el fin de obtener los mejores resultados. Al educar a niños con autismo, estructurar cuidadosamente el enfoque ambiental, comunicativo e instructivo del programa aumenta los resultados de los estudiantes.

Una característica común mostrada en niños autistas es el procesamiento de pensamientos. Los niños con autismo son pensadores concretos. Ellos comúnmente entienden conceptos literales relacionados a objetos tangibles y acciones observables que pueden ser específicamente nombradas. Las ideas que requieren pensamientos restringido teóricos y habilidad de referirse a ideas no tangibles y no observables son abstractas y, a menudo, incomprensibles para los niños con autismo. Las preguntas de "Sí/No" son generalmente ideas abstractas que son difíciles de conceptualizar para los niños con autismo. Con entrenamiento específico los niños pueden aprender a responder con "Sí/ No" a preguntas que comiencen con "¿Quieres?" pero otras preguntas como "¿Esto es un...?", "¿Te sientes...?", "Te gusta..." continúan siendo conceptos muy difíciles de comprender. Además, las diversas nociones que se abordan en estas preguntas aportan a la confusión del niño con autismo cuando se trata de entender la correlación exacta entre palabra/idea. Los adultos que eligen reconsiderar qué información se está tratando de conseguir con la pregunta "Sí/No" y abordan el problema de una manera más concreta se comunicarán de una manera más efectiva con los niños

Dinámicas de la relación

No importa qué tan buena sea la retórica
o incluso qué tan buenas sean las intenciones;
si hay poca o nada de confianza,
no hay una base para el éxito permanente.
Stephen R. Covey.

En la historia de Jacob, la maestra Edna interactúa de manera compasiva, paciente y alentadora. La maestra se esfuerza para explicar la lección y apoyar a Jacob, sin embargo, el niño pronto se ve frustrado y en lágrimas. En el capítulo 5, hablé sobre cómo la explicación de John Gottman sobre la Anulación del Sentimiento Positivo apoya una relación positiva que permite a las parejas superar interacciones negativas intermitentes. Gottman también demuestra el reverso de la Anulación del Sentimiento Positivo como "Anulación del Sentimiento Negativo". Según Gottman "En la anulación del sentimiento negativo, los sentimientos negativos que tenemos acerca de la relación y nuestra pareja anulan cualquier cosa positiva que nuestra pareja pueda hacer". Esta es una realidad desafortunada en la que muchos niños con autismo pueden caer inconscientemente en un estado de anulación de sentimientos negativos hacia los adultos debido a la falta de habilidades de comunicación social y razonamiento abstracto por parte del niño.

Los riesgos en la historia de Jacob ocurren con regularidad y de manera repetitiva en muchas interacciones educativas. En el caso de Jacob, él encuentra la enseñanza de la maestra Edna difícil de comprender, confusa y abrumante. Las intenciones positivas de la docente Edna fallan en apoyar la ansiedad de Jacob debido a que él es incapaz de retener los conceptos de la profesora. Jacob expresa frustración, confusión y tristeza debido a esta interacción. Entre la maestra y el alumno no hay conflicto, sin embargo, Jacob siente emociones negativas. Los adultos tienen buenas intenciones, aun así, con regularidad el lenguaje común que se usa en la educación hace que los estudiantes con autismo tengan sentimientos negativos elevados hacia los educadores. Un alto nivel de comportamiento de rabietas debido a una situación en la que aparentemente no hay problemas podría indicar una Anulación de Sentimiento Negativo en el niño.

En su libro *The Quality School, Managing Students without Coercion* (La Escuela de Cualidad, Manejo de Estudiantes sin Coerción), William Glasser explica que "enseñar es difícil bajo las mejores circunstancias" y continúa diciendo "fallar en tener en cuenta las necesidades del estudiante… puede hacer el trabajo casi imposible." Fallar en tener en cuenta los aspectos esenciales del autismo amplifica el sentimiento. La interacción con los jóvenes continuará siendo innecesariamente tensa hasta que los adultos sean conscientes de los obstáculos en el habla común. Cuando los adultos aprendan a hablar en una manera que simplifique la jerga verbal y hablen directamente de lo que *es* la expectativa contra lo que *no lo es*, los niños pueden comenzar a tener una mejor comprensión, desestresarse y tener mejores niveles de interacciones positivas.

Si la maestra Edna elige modificar su interacción educativa a una como la ya mencionada a la hora de enseñar futuras lecciones, logrará aprovechar las fortalezas de Jacob al enfocarse en los conceptos concretos que él pueda retener, permitiéndole confiar en sus habilidades visuales para tomar información y apoyar su debilidad en el procesamiento auditivo enseñándole el mínimo de verbosidad específica. La habilidad de Jacob para comprender las expectativas inculcaría sentimientos de autoconfianza y confianza hacia la maestra Edna.

CAPÍTULO 7

¡NO! ¡Alto! ¡NO!

Machoa

Estirando el brazo para tomar las bolsas de víveres que se encuentran en el asiento trasero, la madre sostiene también el brazo de su hijo Machoa.

Tratando de alejarse, retorciéndose y tratando de zafarse, Machoa de 4 años se queja una y otra vez.

—Espera un minuto, Machoa. Mami necesita estas bolsas.

Al escuchar las palabras de su madre, Machoa se deja caer con todo su peso y su cuerpo se desploma en el suelo como si fuera un cuerpo inerte. Machoa logra soltarse de su mamá y con rapidez se pone de pie para correr a gran velocidad por el estacionamiento dirigiéndose a la tienda.

—¡NO! ¡Alto! ¡NO! —Grita con pánico la madre mientras arranca para perseguir a su hijo—. Por favor que no haya autos. Por favor que no haya autos —suplica la madre con un aliento agitado. Grita una vez más— ¡Machoa NO!—

Gracias a Dios, Machoa ha logrado llegar a la entrada de la tienda sin lesiones mientras la madre lo alcanza y lo toma en sus brazos. Exhalando fuertemente, la madre sube a su hijo al carrito de compras. El niño ya es un poco grande para estar en el carrito pero deberá quedarse ahí para que no pueda correr. La mamá se recupera y se ordena a sí misma, organiza sus pertenencias que lleva consigo y toma un respiro largo. Agotada pero acostumbrada a incidentes similares, continúa como lo ha hecho con anterioridad.

Mientras ellos van por el supermercado Machoa agita sus manos enérgicamente. La madre agrega unas cuantas latas de vegetales en el carrito al lado de su hijo. Machoa toma una lata y siente el metal frío. En el área de frutas y verduras la mamá se encuentra escogiendo las naranjas cuando Machoa se para en el carrito a tomar una naranja de la fila de abajo.

—No. Alto —La madre no alcanza a detener la pequeña mano de su hijo y varias naranjas caen al piso—. No, Machoa. Eso no está bien —La mamá ayuda al niño a sentarse en la canasta y lo deja sostener una naranja mientras regresa las frutas caídas a su lugar. Machoa mantiene su alegría y se le ve de muy buen humor.

En el pasillo de desayunos, la madre le muestra a su hijo algunas cajas de cereal y le ofrece varias opciones. Machoa escoge el cereal Fruity Rings. La mamá le entrega una caja y alejándose tan sólo unos pasos, devuelve la otra. Al volverse al carrito, se sorprende al ver a Machoa inclinándose tratando de alcanzar algo del estante. El carrito se balancea ligeramente mientras el niño se estira sin cuidado.

— ¡No! ¡No! —La mamá se apresura y atrapa a Machoa para ponerle de nuevo en el carrito— Machoa, siéntate.—

Ignorando a su madre, se abalanza para tomar la caja de Hojuelas de Canela. Sosteniendo a Machoa para que no se caiga, le entrega la caja que quería y lo devuelve al carrito para que se siente. El niño sostiene la caja cerca de su cara para admirar atentamente el dibujo.

Madre e hijo se dirigen a pagar y salen de la tienda sin más problemas. Justo al cruzar la puerta de salida, Machoa se mueve desesperadamente para que lo bajen del carrito. La madre se abstiene de dejarle caminar por el estacionamiento ya que ha estado muy activo y quiere mantenerle a salvo.

Machoa exige fuertemente que se le libere de su confinamiento y tan pronto como su mamá frena el carrito al lado del auto, Machoa se apresura a que lo bajen y comienza a saltar en su lugar de manera enérgica. Decidiendo que sería más seguro sentar a Machoa en el asiento para niños del auto antes de poner los víveres, la madre lo levanta del carrito para ponerlo en el suelo entre ella y la puerta abierta del auto sólo por un segundo mientras quita el peluche del lugar.

Escabulléndose por debajo de las piernas, Machoa arranca hacia el estacionamiento.

La madre reacciona rápidamente y logra agarrar la playera de Machoa.

— ¡No! ¡Alto! ¡No! —dice con un tono de voz alarmante. Machoa se retuerce pero su mamá logra sentarlo y abrocha su cinturón de seguridad.

Otro largo respiro, los víveres en el auto, Machoa y su mamá conducen a casa.

Desglose

Comunicación

El día de compras con Machoa y su madre está lleno de momentos espantosos. La mamá está haciendo un buen trabajo manteniendo su compostura en momentos difíciles y circunstancias peligrosas. Ella usa palabras directas, concisas y atiende diligentemente a Machoa. Las palabras y acciones de la madre son justo como deben ser bajo esas circunstancias. El único problema con la interacción es que Machoa no está respondiendo a las expresiones verbales de su madre. Al correr rápidamente por el estacionamiento no se detiene hasta que la mamá lo sujeta. Después de tirar las naranjas, Machoa se ve poco o nada afectado por el regaño de su mamá, se mantiene alegre y concentrado en su naranja. Cuando se balancea peligrosamente en la orilla del carrito y, más tarde, tratando de correr en el estacionamiento, Machoa sólo responde al contacto de su madre y a la ayuda que ella le proporciona para sentarlo.

Apuesto a que estás pensando, *Bueno eso es el autismo*. Yo concuerdo con que *es* autismo o al menos el tipo de experiencias que pasan muchas familias. Con esto, yo explico por qué una respuesta de emergencia al "¡NO!" debe ser enseñada de manera específica y diligente. En esta historia, Machoa no logra hacer una conexión entre la voz de su madre y qué se espera que él haga. En estos ejemplos, la voz de la mamá no tiene más importancia que los demás sonidos en el ambiente como los autos, las llantas del carrito del supermercado, otra gente hablando, la música de fondo en la tienda, etc. Una correlación entre la voz de la mamá diciendo "¡No!" y la expectativa de que Machoa detenga cualquier movimiento lo más pronto posible necesita ser entrenada. Me doy cuenta de que este mensaje contradice a los capítulos anteriores en los que aliento a los adultos a encontrar mejores palabras que "No". En mi experiencia y observación he notado que cuando los adultos se alarman y entran en pánico ingresan en una modalidad de lucha-o-huida y las únicas palabras emitidas son esas que están profundamente arraigadas y practicadas un sinfín de veces. Un alarmante "No" reemplazará cualquier frase bien pensada en esos momentos. Por lo tanto, enseñar una reacción a un "No" de pánico es prudente. No luchen contra la naturaleza, ajusten la instrucción para que se alinee con el instinto.

Cuando los desafíos se aproximan y nos abrumamos, nuestros cerebros racionales pueden ser saboteados por las emociones.
Shawn Achor

Enseñar a Machoa a responder al "No" de su mamá requerirá situaciones previamente planeadas en ambientes controlados para practicar las instrucciones. La madre necesitará decir la palabra "No" en un tono firme y ayudar físicamente a Machoa a regresar sus manos a sus costados y detener toda acción que esté llevando a cabo. No debería haber regaño o castigo durante su entrenamiento. El énfasis no es indicar que Machoa se está portando mal. El propósito es enseñar consistente y persistentemente que se esperará que Machoa suspenda la actividad de inmediato y no toque nada cerca de él. Para Machoa, la correlación de *qué hacer* al escuchar "No" es quedarse quieto. Elogiarle y otras palabras positivas pueden ser expresadas por el comportamiento apropiado de Machoa. Conforme el entrenamiento progresa se le dirá la palabra "No" sin ayudarle físicamente a detenerse, después se repetirá la orden desde una distancia corta y aumentar su lejanía hasta que Machoa pueda cumplir al escuchar la palabra desde el otro lado de la habitación. Los padres de Machoa se verán beneficiados al igual que su demás familia, maestros, terapeutas y cuidadores, todos trabajondo en esta instrucción simultáneamente para que el niño pueda aprender que el sonido corto y pronunciado de "No" tiene significado y que puede generalizar su intención entre otras personas y entornos.

Influencias suplementarias

Nuestra especie ha desarrollado una respuesta de defensa fisiológica que
Hans Selye llamaba "respuesta de alarma general".
Esta respuesta se hace cargo cuando percibimos el peligro.
John M. Gottman.

La promotora de estrategias visuales para el autismo, Bárbara Bloomfield, enseña en sus presentaciones *Icon to I can* que los niños con autismo son menos capaces de responder a la orden de "Alto" mientras corren. Ella explica que los niños con autismo responden mejor a otras indicaciones como "ven aquí" o "regresa" debido a que éstas permiten a los estudiantes mantener su movimiento y solamente cambiar la dirección de desplazamiento para que puedan cumplir la orden. La instrucción "alto" pide cumplir con la orden y que el niño se esfuerce en detener todo movimiento, lo cual, es más difícil de procesar. Concuerdo con su punto de vista y creo que este cambio de vocabulario puede ser integrado en prácticas habituales de instrucciones. Otra estrategia que he visto que usan padres y maestros de manera efectiva es cuando dicen "siéntate" con el fin de detener una acción peligrosa. Una vez más veo esto como una estrategia productiva en interacciones de rutina. Ambas dan al niño una acción específica para completar y evitan el uso ambiguo e innecesario de "No". Sin embargo, aliento a enseñar el "No" de emergencia. Esta instrucción ayudará a las reacciones naturales de los adultos cuando estas se ven alteradas emocionalmente en circunstancias peligrosas y acuden a un vocabulario que es producido espontáneamente.

Dinámicas de la relación

En esta historia, Machoa y su madre se encuentran en una rutina bastante predecible en la que Machoa se mantiene en un estado emocional regulado. Machoa sabe cómo sentarse en el carrito y responde correctamente a los recordatorios de su madre; por su parte, la mamá permite a Machoa sostener en sus manos los artículos que son de su interés y elegir el cereal que le guste mientras hacen las compras. Además, al asegurar al niño al asiento del auto antes de subir las compras, está siendo diligente al cumplir la petición de que lo bajen del carrito. Al trabajor con Machoa en responder correctamente a un "No", la madre tendra cada vez menos momentos de ansiedad en cuanto a las acciones peligrosas de su hijo. Esta reducción de estrés permitirá relaciones positivas continuas y probablemente mejoradas entre madre e hijo ya que las salidas serán más seguras y placenteras.

CAPÍTULO 8

No, Talia

La alineación entre las palabras y las acciones es tan importante como la coherencia del comportamiento. Incluso podrías argumentar que son la misma cosa, especialmente porque "lo que haces" y "lo que dices" son comportamientos.
Harold Hillman

Talia

Lunes:

—Quiero Cheetos.

—No habrá Cheetos hoy, tu mamá te envió papitas saladas.

Estirando su brazo hacia el otro lado de la mesa Talia repite —Quiero Cheetos—.

—No, Talia. Esos no son tus Cheetos.

—¡Cheetos! ¡Quiero Cheetos!

—No. Tendrás papas saladas.

Talia arroja las papas al suelo y su voz se eleva. — ¡Quiero Cheetos!

—No hay Cheetos. Esos son de Harold—. La maestra Edna recoge los papas y anima a Talia a comer su propio almuerzo.

— ¡Quiero Cheetos! —Talia se abalanza hacia enfrente y se estira encima de la mesa para tomar los Cheetos de Harold.

— ¡No, Talia!

Talia grita y se arroja encima de la mesa.

La maestra Edna se levanta y bloquea el intento de Talia de robar la bolsa de Cheetos. —Esto no está bien. Siéntate—.

Talia se arroja hacia atrás y cae del banco aterrizando en el suelo. — ¡Cheeeeetoos! —grita mientras patalea.

Los estudiantes y el personal de la cafetería comienzan a ver la situación. Comienzan a desarrollarse nervios en la maestra Edna y se esfuerza más por calmar a Talia y reducir el drama de la escena.

—Harold, ¿puedes compartir tus Cheetos? Mira, te gustan las papitas ¿no? —La maestra le da a Harold la mitad de las papitas de Talia y toma la mitad de los Cheetos de Harold. Harold no reclama y disfruta el cambio que le ofrecieron.

La maestra Edna le muestra algunos Cheetos a Talia. —Ya Talia. Está bien. Mira, aquí hay Cheetos.

Talia estira su mano para tomar los Cheetos y la docente los retira. —Siéntate en la mesa—.

Talia se levanta y se ve feliz y sonriente mientras se sienta.

La maestra Edna pone un puñado de Cheetos en una servilleta al lado de una bolsa de papitas medio vacía. —Listo. ¿Ya estás feliz? No tienes que hacer un berrinche—.

Complacida, Talia come su almuerzo sin ningún problema posterior.

Martes:

—¿Qué trajiste para almorzar hoy, Talia? Veo que trajiste sándwich y también Cheetos. ¡Qué bien! ¿Qué trajiste tú, Frank? Qué delicia, sándwich y zanahorias. ¡Oh también tienes gomitas de fruta! Qué buen almuerzo.

—Yo quiero gomitas de fruta —interrumpe Talia.

—Esas gomitas son de Frank. Mira, tú tienes Cheetos hoy y jugo de manzana, tu favorito. Déjame ayudarte a abrir tus Cheetos. La maestra Edna trata de distraer la atención de Talia para que no vea las gomitas de Frank.

—¡Quiero gomitas de fruta! Talia grita estruendosamente y se abalanza sobre las gomitas.

La maestra Edna no esperaba los movimientos tan rápidos de Talia y no logra reaccionar a tiempo para detenerla antes de que robara la bolsa de gomitas.

Frank grita e intenta recuperar sus golosinas. La maestra rápidamente le quita el paquete a Talia y lo regresa al niño. Pidiéndole ayuda a la maestra Katy, la maestra Edna le dice a Frank que se mueva un poco más al fondo de la mesa lejos de su compañera.

Talia comienza a agitar más y más sus brazos y se tira al suelo pateando y gritando. —¡Gomitas de fruta! ¡Gomitas de fruta! ¡Gomitas de fruta!—.

—No, Talia. No habrá gomitas de fruta. Tal vez tu mamá te pueda enviar unas mañana.

—Puede tomar mis gomitas—.

La maestra voltea y ve a un niño de su clase de tercer grado sentado detrás de ella sosteniendo frente a él una bolsa de gomitas. —Oh, qué amable de tu parte pero tu mamá envió esos para ti—.

—Está bien. Tengo dos bolsas. Quiero compartir. Aquí tienes, toma mis gomitas de fruta —dice mientras acerca la bolsa hacia Talia.

Talia toma la bolsa, sube de nuevo a su banco y dándole la bolsa a la maestra Edna dice — ¡Quiero, ábrelas!

Abriendo el empaque, la maestra Edna expresa su gratitud hacia el joven — ¡Eso fue muy generoso! Gracias. La hiciste muy feliz—.

Talia mete las gomitas rápidamente a su boca sin detenerse. El niño sonríe y se voltea para seguir platicando con sus amigos.

Miércoles:

—Talia, vamos a sentarte aquí al final de la mesa por el día de hoy —Frank y Harold se encuentran sentados al otro lado de la mesa. La maestra Edna espera que acomodar estratégicamente a Talia con menos estudiantes alrededor de ella podría ayudar a disminuir la tentación de querer lo que tienen los demás. Hay espacio vacío enfrente y al lado de Talia.

Ayudando a Talia a sacar sus alimentos, la maestra Edna interactúa con ella —Wow Talia, mira, galletas saladas, un plátano y jugo. Qué suertuda—. Talia comienza a comer su almuerzo y la maestra Edna se mantiene esperanzada de haber encontrado una solución a los berrinches de su alumna.

—Quiero galleta —. Levantando su bolsa de galletas justo al lado de Talia, Lee pide a la maestra que le ayude a abrir el empaque.

La maestra Katy abre la bolsa de galletas y al entregárselas dice —Qué rico, con chispas de chocolate—.

Como un relámpago Talia se lanza a través del espacio vació entre ella y Lee, da un manotazo y avienta a su compañero hacia la maestra Katy. Cuando Talia agarra la bolsa de galletas todos en la mesa se percatan de sus gritos —¡Galleta! ¡Quiero galleta!— Tan pronto como pudo Talia regresa rápido a su lugar aferrándose fuertemente a las galletas.

La maestra Edna toma las manos de Talia previniendo que no meta ni una sola galleta a su boca. Gritando y agitándose, Talia patea y le pega con los puños a la maestra. La maestra Edna le entrega a su compañera Katy el paquete de galletas excepto una que Talia ya tenía en su mano. Colocándose entre los dos niños, la maestra Katy le devuelve las galletas a Lee tratando de consolarlo por el susto.

La maestra Edna espera a que Talia se calme lo suficiente como para responder a su instrucción. Mostrándole la galleta dice —usa tu lenguaje. Quiero galleta, por favor— dice como ejemplo la maestra.

Entre llanto Talia repite —Quiero galleta, por favor— metiéndose la galleta en la boca, Talia dice de nuevo —Quiero galleta, por favor— y ve fijamente a Lee.

La maestra Katy le enseña a Talia el empaque vacío —Se acabaron—.

Talia se da la vuelta hacia su almuerzo y se sienta para disfrutar de otro almuerzo tranquilo.

Jueves:

Talia una vez más es acomodada con espacio entre ella y sus compañeros. La maestra Katy se sienta entre Talia y el estudiante más cercano. —Tenemos un almuerzo especial hoy. Todos comerán Pizza—. La maestra Edna acerca una charola de platos con rebanadas de pizza. La maestra entrega el primer plato a Frank, el segundo a Lee y voltea hacia Talia quien salta de su asiento y se lanza hacia el suelo, comienza a llorar ruidosamente y a azotar sus pies contra el suelo.

— ¿Ahora qué? ¿Qué quieres ahora? —pregunta la maestra Edna.

— ¡Pizza! —grita Talia.

— ¡Sí, Talia! ¡Aquí está tu pizza! —Frustrada, la maestra Edna pone un plato en la mesa.

Mirando su plato, Talia se compone y regresa a su asiento a disfrutar su pizza.

Viernes:

Talia y la maestra Katy están sentadas juntas al final de la mesa como lo hicieron el jueves. Este día parece que todo marcha bien y Talia se siente feliz comiendo su almuerzo. Los viernes son especiales porque a los estudiantes les dan una paleta de hielo después de terminar su comida. Mientras la maestra Edna saca la caja de paletas le comenta a su compañera Katy —Le daré a Talia la suya primero.

La maestra Katy se dirige hacia Talia para pedirle que solicite la paleta pero la maestra Edna sin esperar la petición de la niña le entrega la paleta —No quiero otra rabieta hoy—. Talia acepta su postre con entusiasmo y se mantiene calmada hasta finalizar el almuerzo.

Desglose

Comunicación

Desafortunadamente, muchas veces, las expresiones con "No" pierden su significado cuando son usadas muy a menudo o sin un seguimiento adecuado durante una respuesta de negación. Cuando los significados de las palabras no son enseñados explícitamente con coherencia y correspondencia directa hacia una acción o persona específica, los niños con autismo se ven en la necesidad de imaginar las implicaciones de las palabras y es inevitable que aprendan los mensajes incorrectos.

Si un niño da un golpe y se le dice "No" pero vuelve a pegar inmediatamente después sin que el adulto lo detenga, entonces el niño aprende que la palabra "No" no tiene significado. "No" es sólo un sonido que el adulto hace en momentos al azar o en respuesta al golpe como si fuera un juguete de goma que chilla cuando lo presionas. Qué juego tan divertido para el niño, golpear al papá una y otra vez y poder escuchar el ruido que hace "No, no, no, no, no". De la misma manera, si el niño corre en dirección a la calle y los padres gritan asustados "¡NO!" pero no le han enseñado la respuesta de quedarse quieto, el niño podría percibir las fuertes vocalizaciones como emoción y continuar corriendo alegremente.

En su libro, *How to Use Power Phrases to Say What You Mean, Mean What You Say, & Get What You Want (Cómo usar frases poderosas para decir lo que sientes, sentir lo que dices y obtener lo que quieres)*, Meryl Runion nos comparte:

Una encuesta del 2002 realizada por el Centro para un Nuevo Sueño Americano confirma qué tan a menudo "No" significa "Tal vez". De acuerdo a dicho estudio, el niño americano promedio de entre doce y diecisiete años de edad pide nueve veces algo que quiere antes de que los papás cedan y se lo den. Más del doce por ciento de los jóvenes de trece años admiten pedirles algo a sus padres cincuenta veces o más. ¿Por qué? Porque funciona[1].

En la historia de Talia, se le dice que "No" a una petición para tomar el almuerzo de otros estudiantes pero después de un episodio de llanto y rabieta se le otorga lo que demanda. Aquí hay dos mensajes incorrectos que se le han enseñado a Talia. El primer mensaje es que "No" significa "Tal vez" o más probable aún "Sí, pero primero debes *mostrarme realmente cuánto lo quieres*". Además, esto le enseña a Talia que la comunicación que busca la maestra Edna no es una petición verbal sencilla sino un comportamiento de llantos y rabietas. Como lo habrás notado en esta historia, cada día Talia comenzaba a llorar cada vez más pronto, más seguido y en mayor escala. El lunes, ella trató de usar su lenguaje varias veces antes de intentar robar los Cheetos para después arrojarse al suelo y gritar. Para el jueves, Talia simplemente se lanza al suelo y hace berrinche sin mencionar verbalmente lo que ella quiere. Además, la maestra Edna ya estaba preparada para darle a Talia su rebanada de pizza y simplemente puso el plato sobre la mesa. La correlación que Talia percibió es que debido a que ella gritó y pateó de inmediato recibió la pizza. Su entrenamiento de habla y lenguaje para hacer peticiones verbales ha sido saboteada. La regla en la comunicación que Talia aprendió es *primero llora y haz una rabieta después obtendrás lo que quieres.*

Evite decir algo de lo que no tenga intención de darle seguimiento.

---

1. RUNION, Meryl, *How to Use Power Phrases to Say What You Mean, Mean What You Say, & Get What You Want,* McGraw-Hill, New York, 2003, p.p.170.

*Pregúntese a sí mismo, ¿realmente es tu intención?
Si me ponen a prueba, ¿seguiré adelante?*
Meryl Runion

Ayudar a los niños a entender que "No" significa "No está permitido" es crucial. Al usar pedazos de lenguaje como los que se mencionaron en los capítulos anteriores tales como "No se puede" o "No hay para Talia" son respuestas apropiadas dentro de una relación íntima adulto/niño. Desafortunadamente, los niños interactúan con muchos adultos durante toda su vida que no saben cómo usar este lenguaje positivo para transmitir una negación. Por lo tanto, es lo mejor para el niño enseñarle que la palabra "No" significa que "No está permitido". Usar "No" en una frase como se describe en la parte de arriba es un enfoque apropiado para lograr ambos propósitos. Cuando un niño pregunta por algo que desea puedes decir "No", después hacer una pausa de unos segundos y decir calmadamente "No se puede". Es de extrema importancia que los adultos se rehúsen a ceder o cambiar de opinión. Al principio los niños podrían demostrar una respuesta negativa a la negación del adulto pero aprenderán que comportamientos inapropiados no serán recompensados. Cuando las negaciones se tornan en permisos o admisiones el niño aprende que "No" significa "Esfuérzate más. Demuéstrame que en realidad lo quieres actuando molesto. Usa diferentes palabras o acciones". Cuando los adultos son persistentes con su "No" y se abstienen de involucrar al niño en explicaciones, argumentos y cambios de opinión entonces la palabra "No" será aceptada. Ser consistente y persistente es la clave. Si sientes que vas a renunciar en algún punto es mucho mejor decir "Sí" desde el principio que decir "No" y estar contribuyendo a una falta total de comprensión.

*Los padres que están dispuestos a sufrir el dolor de la ira intensa del niño
al mantenerlo firmemente en un curso responsable están enseñándole una lección que le ayudará durante toda su vida.*

William Glasser

Si en las próximas interacciones la maestra Edna elige mantenerse firme al negarle algo necesitará ser paciente con el nivel de angustia emocional de Talia durante las primeras ocasiones. Para la maestra Edna podría ser de ayuda practicar su "No" de manera consistente dentro del salón de clases donde hay más apoyo, menos distracciones y menos oportunidades de interacción de individuos externos a la clase. La docente podría continuar trabajondo con Talia para un almuerzo exitoso al sentarla de manera estratégica con el fin de darle su comida a ella primero y evitar la tentación de tomar de los otros platillos. Mientras Talia aprende a aceptar el "No" dentro de un contexto altamente estructurado, la maestra Edna puede generalizar las expectativas a múltiples entornos.

Influencias suplementarias

En este capítulo me dirijo a la negación de una petición. En los capítulos previos he intentado ejemplificar como el "No" tiene diferentes significados y he alentado el uso de vocabulario diverso para comunicar los distintos significados más claramente. Me doy cuenta de que estoy proponiendo que los adultos usen la palabra "No" como significado para una negación a la vez que también insto a que lo usen como un alto total como lo plasmé en el capítulo 7. No creo que estos dos usos se contradicen a sí mismos. Si un adulto dice "No" a una petición de una galleta y el niño se queda parado en señal de un alto total el adulto puede añadir una frase más clara al decir "No se puede". Además, si la palabra "No" es usada como un alto total de emergencia entonces el adulto necesitará agregar una acción o instrucción para indicar lo que el niño necesita hacer después de detenerse y permanecer a salvo como "Siéntate". Estas dos respuestas al "No" son aceptables. En adición a esto, he ilustrado el uso de la misma frase "No se puede" como en el capítulo 5 donde a Dennis le es negado un bocadillo porque ya no había. Esta frase es apropiada bajo las circunstancias para negar algo incluso si sí está disponible. El almuerzo de otros estudiantes "No se puede" otorgar a Talia. El mensaje entrelíneas sigue siendo el mismo "El niño no puede tener lo que solicitó".

Dinámicas de la relación

Una vez más destaco un extracto apropiado del libro de Meryl Runion *How to Use Power Phrases to Say What You Mean, Mean What You Say, & Get What You Want (Cómo usar frases poderosas para decir lo que sientes, sentir lo que dices y obtener lo que quieres).*

> *¿Alguna vez dices cosas que no sientes?* Por ejemplo, si tienes hijos, ¿Alguna vez les dices que apaguen la televisión y después ignoras el hecho de que no la han apagado media hora después? Después cuando te pones un poco más serio acerca de obtener resultados, ¿te enojas? Lo que pasa cuando haces eso es que le enseñas a la gente que no tiene que poner atención a lo que dices hasta que estés enojado. Puedes evitar enojarte por completo al decir lo que en realidad sientes antes de enfurecerte. Prepárate para enojarte si esa es la única vez que lo dices en serio.[2]

---

2. *Op cid.*

Cuando los adultos cambian de una negación a un permiso después de quejas persistentes por parte de un niño con autismo, no sólo están enseñando el significado equivocado de la palabra "No" lo cual alimentará la ansiedad del niño; sino que también se verán personalmente afectados por emociones negativas como describe Meryl Runion. Si tanto el tutor como el niño se encuentran teniendo estas emociones negativas claramente no están en sintonía y la calidad de su relación está siendo afectada.

Entre las más destructivas de todas nuestras prácticas coercitivas está el uso excesivo de la crítica personal
William Glasser

Al mirar hacia atrás en la historia de Talia podemos ver varias señales de que la maestra Edna está demostrando frustración con Talia. El lunes la docente hace un comentario negativo "Listo. ¿Ya estás feliz? No tienes que hacer un berrinche". El jueves el comentario agresivo "¿Ahora qué?" muestra que su nivel de exasperación está creciendo. El viernes la maestra Edna le da a Talia su bocadillo antes que a todos pero el contexto emocional es agravado y se evitó involucrar a la niña. Talia está feliz pero el aspecto educativo de enseñarle cómo solicitar algo apropiadamente es olvidado. La relación entre Talia y la maestra va en declive y sólo la docente puede modificar sus palabras y acciones para obtener mejoras. Talia simplemente está reaccionando a las interpretaciones del ambiente y desarrollando de manera instintiva una estrategia para obtener lo que desea. Ella no tiene el concepto de una relación o componentes sociales. Si la maestra sigue el consejo de Meryl Runion, "Di lo que sientes y siente lo que dices sin ser malo cuando lo dices" tendrá un gran progreso al trabajor en la comprensión y en una relación positiva con Talia.

La felicidad no es la creencia de que no necesitamos cambiar; es la comprensión de que podemos.
Shawn Achor

CAPÍTULO 9

Conclusión

Gracias por unirte a este viaje a través de una examinación de las historias de Corey, los estudiantes de la maestra Leaky, Augustus, Haru, Dennis, Jacob, Machoa y Talia. Al explorar las capas de desafíos dentro de estas historias enseñables, he ilustrado situaciones en las que "No" fue usada sin éxito para comunicar los conceptos de:

- Negar una acción – No corran.
- Usar "No" cuando el mensaje es Sí/Después.
- Rechazar un ofrecimiento – No, gracias.
- No queda ninguno. Ya no hay galletas.
- Preguntas abstractas de Sí/No – ¿Esto es un perro?
- Respuesta de emergencia – Pedir un alto total.
- Rechazo de una petición.

Los desafíos ilustrados dentro de cada una de estas historias son situaciones diarias comunes. Ahora los invito a reflexionar sobre cuántas de estas circunstancias podrían ocurrir en el transcurso de un día en la vida de un niño con autismo. Si el niño experimenta una vez cada uno de los diferentes conceptos de "No" en un día cualquiera da un total de siete episodios llenos de estrés y frustración. Ese sería un día muy difícil con múltiples experiencias emocionales negativas. Si el niño está pasando por varios episodios de rabietas diariamente, yo aliento a sus tutores a hacer una pausa y considerar el vocabulario que se está usando. Un pequeño cambio en el habla podría hacer un gran impacto en la mejora de las interacciones.

Dentro de las explicaciones de los desafíos encontrados en cada historia, se discutieron varios conceptos subyacentes para apoyar a los niños con autismo:

- Tomar conciencia y observar cómo el lenguaje habitual puede ser confuso para los niños con autismo.
- Decir que *hacer* en lugar de qué *no hacer.*
- Interactuar con niños de maneras estructuradas, consistentes y predecibles.
- Reducir la comunicación verbal a frases cortas y simples.
- Usar frases consistentes y fragmentos de lenguaje para establecer un significado.
- Hablar en términos concretos.
- Cambiar el habla para comunicar una expectativa positiva.
- Tomarse el tiempo para enseñar específicamente la correlación entre palabras y expectativas.
- Elegir comprender las necesidades y percepciones del niño con autismo y aceptar la responsabilidad de cambiar la manera en que los adultos interactúan con

su niño puede incrementar la confianza, sintonía y las relaciones emocionales positivas.

Tengo la esperanza de que, al explorar *Entienda el desafío del -NO- en los niños con autism: mejore la comunicación, aumente la positividad, optimice las relaciones* haya iluminado conceptos que provoquen una reflexión, promueva la discusión y expanda la conciencia de padres, familiares, maestros y cuidadores. Al embarcarse en los siguientes pasos hacia un cambio en el habla, animo a los adultos a ser amables con ellos mismos y pacientes con el proceso. Cambiar es una progresión que comienza con la conciencia pero toma muchos pasos de transición a lo largo del tiempo. Ruego a los adultos a elegir uno de estos conceptos que les interese y comiencen por ahí. ¿Tratarán de decir qué *hacer* más seguido, comenzar a enseñar el "No" de emergencia o, simplemente comenzarán a observar su estilo de comunicación verbal habitual? Sólo ustedes pueden saber qué acercamiento será mejor para su vida. La clave es hacer la elección de comenzar.

La habilidad de elegir cuidadosamente nuestro vocabulario al comunicarse con niños con autismo reside en cada uno de nosotros y puede resultar en un realce de la comunicación, un incremento de la positividad y una mejora de las relaciones.

Referencias

AMERICAN PSYCHIATRIC ASSOCIATION, *Diagnostic and Statistical Manual of Mental Disorders (DSM–5)*, American Psychiatric Publishing, Virginia, 2013.

COVEY, Stephen R., *The 7 Habits of Highly Effective People: Powerful Lessons in Personal Change* (25th Anniversary Edition), RosettaBooks, Nueva York, 2013.

CUDDY, Amy, *Presence: Bringing Your Boldest Self to Your Biggest Challenges,* Little, Brown and Company, Nueva York, 2015.

EDITORS OF WEBSTER'S NEW WORLD COLLEGE DICTIONARIES, *Webster's New World College Dictionary,* Wiley Publishing, Cleveland, Ohio, 2010.

FROST, L. A. y A. S. Bondy, *PECS The Picture Exchange Communication System, Training Manual,* Pyramid Educational Consultants, Inc., 1994.

GLASSER MD, William, *Choice Theory: A New Psychology of Personal Freedom,* HarperCollins, Nueva York, 2010.

GLASSER MD, William, *Quality School RI,* HarperCollins, Nueva York, 2010.

GLASSER MD, William, *Take Charge of Your Life: How to Get What You Need with Choice-Theory Psychology,* HarperCollins, Nueva York, 2011.

GOTTMAN, John M., *The Science of Trust: Emotional Attunement for Couples,* W. W. Norton & Company, Nueva York, 2011.

GOTTMAN, John M., *The Seven Principles for Making Marriage Work: A Practical Guide from the Country's Foremost Relationship Expert,* Potter/TenSpeed/Harmony, Nueva York, 2015.

HELMSTETTER, Shad, *What To Say When You Talk To Your Self,* Random House New Zealand, Auckland, Nueva Zelanda, 2011.

LEAF, R. y J. McEachin, *A Work in Progress, Behavior Management Strategies and a Curriculum for Intensive Behavioral Treatment of Autism,* Autism Partnership, Nueva York, 1999.

LEAKY, A., 2017, One Summer Day in a Class for Elementary School Students with Autism, A Teachable Tale, *Autism Parenting Magazine,* vol. 63.

MAURICE, C., G. Green y S. C. Luce, *Behavioral Intervention for Young Children with Autism, a Manual for Parents and Professionals,* Pro-ed, Inc., 1996.

ONE DAY UNIVERSITY, *One Day University Presents: Positive Psychology: The Science of Happiness,* The Learning Annex, 2010.

PRIZANT, B.M., A.M. Weatherby, E. Rubin, A. C. Laurent y P.J. Rydell, *The SCERTS Model, a Comprehensive Educational Approach for Children with Autism Spectrum Disorders (Volume II, Program Planning and Intervention)*, Paul H. Brookes Publishing, Baltimore, 2005.

REIVICH, Karen y Andrew Shatte, *The Resilience Factor: 7 Keys to Finding Your Inner Strength and Overcoming Life's Hurdles,* Potter/TenSpeed/Harmony, Nueva York, 2003.

RUNION, Meryl, *How to Use Power Phrases to Say What You Mean, Mean What You Say, & Get What You Want*, McGraw-Hill, Nueva York, 2003.

SHAWN, Achor, *The Happiness Advantage: The Seven Principles of Positive Psychology That Fuel Success and Performance at Work,* Crown Publishing Group, Nueva York, 2010.

SILBERMAN, Mel, *PeopleSmart: Developing Your Interpersonal Intelligence,* Berrett-Koehler Publishers, San Francisco, 2000.

THOREAU, Henry David, *The Complete Works of Henry David Thoreau: Canoeing in the Wilderness, Walden, Walking, Civil Disobedience and More.*

VAN DER KOLK, B., *The Body Keeps the Score: Brain, Mind, and Body in the Healing of Trauma,* Penguin Publishing Group, Nueva York, 2015.

Más sobre la autora Colette McNeil

Extracto de:

Elección y estructura para niños con autismo

Segunda Edición.

Capítulo 1
INTRODUCCIÓN

Elección y estructura para niños con autismo trata acerca de identificar y celebrar el papel de la estructura en el apoyo a los niños autistas. Queremos que los niños con autismo hagan más que sólo existir. No sólo vivir sino interactuar de manera segura con la vida hogareña. Deseamos que ellos hagan más que sobrevivir. Mantenemos la esperanza de que crezcan y alcancen su máximo potencial. La investigación y la experiencia han demostrado a los defensores del autismo que la estructura es una gran herramienta para ese fin. Los niños con autismo prosperan dentro de los altos niveles de un día estructurado. En los siguientes capítulos espero enseñar cómo la estructura no necesita ser rígida, sofocante, o complicada.

90

Muchos Días en Casa

Nuestras rutinas regulares de escuela y trabajo durante la semana y las rutinas predecibles del fin de semana nos ayudan a todos a mantener un equilibrio. Sabemos el horario, planificamos para lo que está por venir, y vivimos estas rutinas comodamente. ¿Qué pasa cuando estas rutinas son interrumpidas? ¿Cómo lo manejamos nosotros y nuestros hijos cuando los fines de semana se extienden más allá del sábado y domingo, o los días de vacaciones rompen la constancia de nuestras actividades?

Muchos largos días de juego libre en casa durante los fines de semana, días festivos, vacaciones y cuarentenas de salud pueden llegar a ser retadoras para los niños y sus padres. Ya han jugado con todos los juguetes, han visto todas las películas, y el exceso de actividades en el hogar ha causado que los niños pierdan el interes en los objetos que los rodean. Juguetes, juegos, películas, y manualidades están por todas partes pero los niños se quejan de que están aburridos y pelean rápidamente con sus hermanos y discuten más con sus padres.

Los niños con autismo no son la excepción. Aunque desafortunadamente, los niños autistas pueden expresar niveles más altos de frustración y emociones más angustiantes que las de sus hermanos y compañeros. Muchos niños con autismo normalmente tienen vidas intencionalmente dirigidas. Los niños autistas interactuan mejor en ambientes que son altamente estructurados con horario predecible y un alto nivel de orientación por parte de los adultos. Ellos pasan sus días de entresemana en la escuela igual que los otros niños. Ellos asisten a terapia después de clase y durante los fines de semana, a instrucciones de habilidades de la vida diaria, servicios de comportamiento y actividades recreacionales especialmente diseñadas. Toma una variedad de personas con diferentes conocimientos para trabajar con niños autistas durante todo el día. Debido a su autismo, estos niños batallan con tiempos no estructurados y situaciónes no predecibles. Se abruman fácilmente con demasiadas cosas alrededor de ellos y por la falta de dirección. Los largos periodos de días libres sin horarios establecidos establecen el escenario para las circunstancias no estructuradas e impredecibles que son tan desafiantes para los niños con autismo.

Después de muchas horas de tiempo no estructurado, las familias pueden notar que sus niños con autismo se distancian a través de altos niveles de conductas de autoestimulación (estimulación). Los niños autistas pueden volverse más obsesivos con aferrarse a determinados juguetes o pueden o pueden volverse menos receptivos a los intentos de interacción por parte de los padres y hermanos. El niño pueden optar por estimular con un solo juguete, o tener todos sus juguetes en el suelo y no jugar con ninguno. Cuando se les acercan o se les pide algo, los niños con autismo pueden agitarse rápidamente o portarse exigentes y protestar.

A menudo, al no tener una estructura y una previsibilidad, los niños autistas pasarán una y otra vez por periodos de aislamiento, autoestimulación y una interacción agitada. Los intentos fallidos de autoentretenimiento pueden resultar en berrinches y hacerle demandas a sus padres. Si este ciclo es reptido diariamente se convertirá en una nueva rutina predecible: estimulación, búsqueda de entretenimiento, obsesión, protesta, malestar, estimulación, búsqueda de entretenimiento, obsesión, protesta, malestar, etc… Muchos días seguidos a esa intensidad podría agotar lo mejor de nosotros. Cuando añadimos las necesidades de los hermanos y el estrés de los padres, esta situación podría volverse agotadora muy rápidamente. Los tiempos difíciles a menudo vienen con días no estructurados en casa. ¿Cómo pueden las familias mejorar esta predicción estresante? ¿Cómo pueden proveer el apoyo que necesitan los niños con autismo para mantenerse emocionalmente bien regulados, y que interactúen apropiadamente y de manera cooperativa sus familiares?

Algunas Estrategias Sencillas.

Me gustaría ofrecer algunas estratégias sencillas que podrían ser útiles. ¡No te preocupes! No voy a intentar enseñarte a hacer de tu hogar un Análisis de Comportamiento Aplicado (ABA). Simplemente espero ofrecer lgunas ideas para organizar tu día y ofrecer un mejor resultado que el triste retrato descrito anteriormente. Estas estratégias ayudarán a los padres a desarrollar rutinas y elecciones simples y seguras que harán que los largos días en casa sean más interactivos, cooperativos, y positivamente estimulantes para los niños con autismo, sus padres y hermanos.

A lo largo de este libro se compartirán ideas que ayudarán a disminuir el aburrimiento, las protestas, y el aislamiento y que a su vez incremente la interacción y la cooperación. Los capítulos relatarán historias de vida con las que más de uno se podrá identificar. Estas historias demostrarán el título del capítulo y establecerán las bases para discutir acerca de la información. En el capítulo 2, se ofrecerá un argumento para crear abundantes oportunidades de elección. En el capítulo 3, se exploran los papeles que juegan la saciedad y la fijación en el aburrimiento y la falta de interacción. En el capítulo 4, se presentará una mirada a la mejora de la organización del ambiente. En el capítulo 5, se embarcará en una inmersión profunda en las complejidades de la coreografía de la danza entre el espacio, la energía y el tiempo. En el Capítulo 6, se proporcionará una discusión centrada en la comprensión y el uso de señales predecibles y apoyos visuales. Estos apoyos ayudarán a los niños con autismo a seguir instrucciones, comunicar elecciones y disminuir la ansiedad. En el capítulo 7 se revisan y resumen las ideas de los capítulos anteriores.

Mostrarles cómo la elección y la estructura se pueden incluir fácilmente en la vida de las familias es mi esfuerzo sincero.

Reconocimientos

La version en inglés de este libro ha recibido los siguientes reconocimientos:

Nombrado por Book Authority como el #34 de
"Los mejores 74 libros de positividad de todos los tiempos"

Cinco estrellas
Categoría: Paternidad
Competencia: Readers' favorite

Silver Award
Categoría: Elección de la crítica
Competencia: Reader's Views

Legacy Award
Categoría: Educación
Competencia: Premio Internacional de Libros Kops-Fethering

Reseñas del libro

A continuación se presentan algunas reseñas de la versión en inglés de este libro.

Concurso de premios y reseñas de libros favoritos de los lectores.

Reseña de Edith Wairimu para Favorito de los lectores.

Colette McNeil es una autora con más de veinte años de experiencia en la enseñanza sobre niños con autismo y otros trastornos relacionados entre las edades de tres a veintidós años. Ella comparte su vasto conocimiento acerca de cómo las palabras siendo cuidadosamente seleccionadas pueden construir una relación entre el niño y el padre o maestro en su libro Entendimiento del Desafío de -NO- Para Niños con Autismo. Colette McNeil comparte los distintos desafíos que enfrenta un niño con autismo cuando se le dan instrucciones o respuestas usadas de manera negativa. Ella enfatiza la necesidad de formular reacciones de una manera positiva, e ilustra cómo se puede lograr. Además, McNeil alienta la consistencia y la estructuración de las actividades cuando se esté interactuando con un niño con autismo.

Entendimiento del Desafío de -NO- Para Niños con Autismo es un libro increíblemente ingenioso que ayudará a cualquier padre, tutor o maestro a relacionarse constructivamente con un niño con autismo. Este libro está lleno de ejemplos útiles y prácticos que expandieron mi conocimiento en el tema y me ayudaron a captar el mensaje. Colette McNeil presenta cuidadosamente diferentes situaciones entre un niño con autismo y sus padres o maestros. Fui capaz de entender cómo formular oraciones de manera significativa para comunicarme de manera efectiva con los niños con el trastorno y, en última instancia, construir mi relación con ellos. McNeil también incluye otras características importantes sobre el tema, como asumir la responsabilidad de una mejor comunicación y la importancia de usar frases simples, que pensé que eran bastante útiles y aplicables. En general, leer Entendimiento del Desafío de -NO- Para Niños con Autismo de Colette McNeil fue realmente esclarecedor.

Reseña de Opiniones del Lector

Colette McNeil
MSI Press (2018)
ISBN: 9781942891765
Reseña por Tammy Ruggles para Reader Views (10/2020)
https://readerviewsarchives.wordpress.com/2020/10/27/reviewmcneilunderstandingthechallengesofno/

"Entendimiento del Desafío de No Para Niños con Autismo: Realce de la comunicación, Incremento de la positividad, mejora de las relaciones" de Colette McNeil es un increíble libro de autoayuda que explora los conceptos y significados que la palabra "No" puede tener en la vida diaria de niños con autismo. Diseñado para mejorar las relaciones y la comunicación, este libro está repleto de escenarios de la vida real y de consejos que ayudan a aligerar la tensión y la carga de la palabra "No" para niños, padres, cuidadores, maestros, consejeros, parientes y otras personas importantes en el mundo del niño.

La idea principal del libro es una mejor comunicación y dividir la palabra "No" en partes manejables. Los niños con autismo necesitan paciencia, comprensión y una forma de comunicación personalizada; y McNeil es una fuente fenomenal de información, técnica y experiencia. Este autor tiene la asombrosa habilidad de simplificar ideas complejas, de modo que casi cualquier persona puede entenderlas y llevarlas a cabo.

Los niños con autismo a menudo se sienten frustrados cuando escuchan la palabra "No" y no entienden a qué se refiere el padre u otro adulto. Esta frustración puede, a su vez, causar frustración en el padre o adulto, lo que crea un ciclo desafortunado de falta de comunicación. Los "derrumbes" a menudo ocurren debido a estos errores de comunicación. Muchos adultos y familiares de niños con autismo no tienen expectativas de mejora o no son conscientes de que un cambio en la comunicación puede llevar a que el niño sea más feliz, menos estresado y con relaciones más productivas.

Aprender sobre la palabra "No" es una habilidad social que todo niño necesita aprender. Aceptar un "No" nunca es fácil para un niño (¡incluso para algunos adultos!), pero puede ser especialmente difícil para un niño en el espectro que se siente más cómodo con patrones y comportamientos repetitivos. Pero como explica la autora, simples cambios en el idioma y la elección correcta de palabras pueden marcar la diferencia y mejorar la comunicación. McNeil usa sabiamente escenarios anecdóticos para ilustrar sus puntos y enseña a los lectores cómo usar mejor la palabra "No". Estas anécdotas con Corey, Machoa, Talia y los otros niños hacen que los conceptos sean muy identificables y agradables, y son mis partes favoritas del libro. Las estratégias de comunicación que ofrece McNeil parecen tan sencillas, y aún así la mayoría de las personas nunca piensan en ellas, incluso los padres de niños con autismo.

"Entendimiento del Desafío de No Para Niños con Autismo: Realce de la comunicación, Incremento de la positividad, mejora de las relaciones" de Colette McNeil, abrirá inmediatamente nuevas vías de comunicación y es una pequeña joya que debería estar en la biblioteca de todos los padres, cuidadores y profesionales.

Reseña de Midwest Book Review
Library Book Watch

Entendimiento del Desafío de No Para Niños con Autismo: Realce de la comunicación, Incremento de la positividad, mejora de las relaciones, es una guía sincera para padres y educadores escrita por Colette McNeil quien ha pasado 20 años instruyendo a estudiantes con autismo y trastornos relacionados. Cada estrategia didáctica es retratada con un ejemplo de escenario de vida relacionado con el uso de la palabra "No". Por ejemplo, ¿Cómo debería una madre enseñarle a su hijo autista de 4 años a dejar de correr en un estacionamiento concurrido al decir "¡NO!", especialmente cuando su hijo no responde constantemente a las instrucciones verbales sin contacto físico que lo acompañe? ¿Cómo debería responder una maestra de escuela primaria cuando una niña autista hace berrinches porque le dicen "No", que no puede comer los alimentos que quiere para el almuerzo? Comprender el desafío del "no" para los niños con autismo es un libro "Imprescindible" para los padres y educadores responsables de niños autistas, altamente recomendable.

Acerca de la autora

Biografía de la autora

Colette McNeil es la autora de los libros:

- *Elección y Estructura para Niños con Autismo: Superando los Largos Días de Cuarentena, (MSI Press LLC)*

- *Entendimiento del Desafío de "No", Para Niños con Autismo: Realce de la comunicación, Incremento de la positividad, mejora de las relaciones, (MSI Press LLC)*

- *Elección y Estructura para Niños con Autismo: Segunda Edición, (MSI Press LLC)*

- *Entienda el desafío del -No- en los niños con autismo: Mejore la comunicación, Aumente La positividad, Favorezca las relaciones, (MSI Press LLC)*

Colette McNeil tiene una maestría en Psicología y sigue las inspiraciones de la psicología positiva. Con más de 30 años de experiencia trabajando con niños con autismo en una amplia gama de entornos educativos, recreativos y de atención, McNeil aspira a desarrollar la confianza en los niños con autismo al ampliar las perspectivas de los padres, familias, maestros y cuidadores.

Colette McNeil tiene más de 70 capacitaciones basadas en evidencia para apoyar a las personas con autismo y discapacidades del desarrollo, incluida la capacitación de nivel avanzado en la siguiente instrucción enfocada en el autismo:

- Instrucción Conductual Intensiva (IBI) la cuál incluye practicas ABA.
- PECS – Sistema de Comunicación por el Intercambio de Imágenes
- TEACCH - Enseñanza de Educación de Niños Autistas y con discapacidad de Comunicación.
- El modelo SCERTS, un Enfoque Educativo Integral para Niños con Trastorno del Espectro Autista
- De ICON a ICAN – Apoyos Visuales
- Enlaces del Lenguaje
- Entrenamiento de Respuesta Pivotal

Sitio Web:

Shared Perspectives Support

SPSforAutism.com

Un enfoque educativo integral para niños con trastorno del espectro autista

http://sharedperspectivessupport.com/wp-content/uploads/2021/05/Colette-M.jpg

www.ingramcontent.com/pod-product-compliance
Lightning Source LLC
LaVergne TN
LVHW051846080426
835512LV00018B/3099